부의 철학

부의 철학

동양 전통사상의 눈으로 바라본 **부**와 **행복**

초판 1쇄 인쇄 2018년 9월 20일
초판 1쇄 발행 2018년 10월 1일
—

지은이 정지욱
펴낸이 이방원
편 집 윤원진 · 김명희 · 이윤석 · 안효희 · 강윤경 · 홍순용
디자인 박혜옥 · 손경화 **영 업** 최성수 **마케팅** 이미선

—

펴낸곳 세창미디어
출판신고 2013년 1월 4일 제312-2013-000002호
주소 03735 서울시 서대문구 경기대로 88 냉천빌딩 4층
전화 02-723-8660   팩스 02-720-4579
이메일 edit@sechangpub.co.kr 홈페이지 http://www.sechangpub.co.kr/

—

ISBN 978-89-5586-539-4 03320

이 도서의 국립중앙도서관 출판시도서목록(CIP)은 서지정보유통지원시스템 홈페이지(http://seoji.nl.go.kr)와
국가자료공동목록시스템(http://www.nl.go.kr/kolisnet)에서 이용하실 수 있습니다. CIP제어번호: CIP2018029128

이 책은 대한민국 교육부와 한국연구재단의 지원을 받아 수행된 연구임(NRF-2017S1A5A2A01023379)

동양 전통사상의 눈으로 바라본 **부**와 **행복**

부의 철학

정지욱 지음

세창미디어
MEDIA

서문

2년 전 동양철학적 관점에서 '부富'에 관한 주제로 글을 써 달라는 의뢰를 받았다. 어려운 작업이고 능력도 모자라 잠시 망설였으나 결국 쓰기로 결심했던 것은, 전도된 이 사회의 가치가 바로 세워졌으면 하는 열망이 컸기 때문이다. 한 권의 책이, 그것도 함량 미달의 책이 그런 일을 해낼 리 만무하지만, 그래도 어딘가를 향해 소리라도 내 보고 싶었다. 그 2년의 중간쯤에 미증유의 '국정농단' 사태가 있었다. 가치 전도의 극에 다다른 사태를 지켜보면서 책 쓰기를 잘했다는 생각이 들었다. 물론 내용이 열정에 한참 못 미치리라는 걱정도 있었다. 그래도 시대가 요구하는 주제라는 점에서 용기가 났다. 이제 약속했던 2년이 지나고 그간의 생각이 한 권의 책으로 활자화됐다. 수준 여하를 떠나 감개무량하다. 짧은 전공 논문 쓰는 데만 익숙했던 사람이라, 평이한 말로 긴 호흡을 요하는 장문의 책을 쓴다는 게 버거웠지만, 그래도 마감일이 다가오면서 조금은 익숙해졌다. 앞으로도 내 목소리를 내는 책을 써 보겠다는 용기가 생겼다. 출판사에는 죄송하지만, 그것만으로도 작은 목적은 이룬 셈이다.

사람은 누구나 행복을 꿈꾼다. 그러나 행복이 어디서 어떻게 오는지는 잘 모른다. 그래서인지 주위에서 행복하다는 사람을 보기가 쉽지 않다. 우리는 막연히 부가 행복의 열쇠라 믿고 부를 추구하지만, 사실 부는 행복을 보증해 주지 않는다. 오히려 많은 경우 불행의 원인이 된다. 왜 그럴까? 이 책은 그 답을 더듬어 간 기록이다. 독자 여러분들이 이 책을 통해 그에 대한 충분한 답을 얻지는 못할지라도 희미하게나마 그 실루엣을 볼 수 있었으면 하는 바람이다.

이 책이 나오기까지 세창출판사의 도움이 컸다. 대표님 이하 관계자 여러분께 진심으로 감사의 말씀을 드린다. 특히 편집 및 교정을 담당하신 선생님께 진심으로 고맙다는 말씀을 전하고 싶다. 꼼꼼하고 정확하게 교정해 주신 덕분에 좋은 책으로 탄생할 수 있었다. 오랜 세월 투병하고 계신 어머니와, 어머니 간병으로 고생하고 있는 아내에게 이 책이 조그만 선물이라도 되었으면 좋겠다.

나이가 들어 가면서 인생 이모작이라는 말에 귀가 솔깃해진다. 수명이 늘어난 만큼 새로운 직업으로 제2의 인생을 다시 시작해야 하지 않겠는가? 어떤 일을 할까 나름대로 궁리하다가 한 가지 이모작이 생각났다. '아, 직업을 바꾸는 게 아니라 삶의 태도를 바꿔 보자. 아직까지 그렇게 살지 못했으니 두 번째 인생에서는 남에게 감사하는 태도로 살아 보자.' 이렇게 생각하고 나름대로 실천하려고 노력 중이다. 아직 갈 길이 멀지만 그래도 조금씩 달라지는 자신을 느끼고, 그 변화가 조금씩 행복을 불러오고 있음을 실감하는 요즘이다. 반백 년을 넘게 살아 세상살이에 익숙해질 때도 되었건만, 아직 행복이 무엇인지 아리송하다. 잠시 다가왔다가도 이내 가 버려 오래 사귀지 못했기 때문이다. 그런데 알고 보니 내가 행복하고자 하면 내 곁에 행복이 있는 것이었다. 왜 그 오랜 세월 행복하고자 하지 않았던가. 아쉽다! 그러나 어쩌랴, 욕심(탐욕)이 길목을 막고 있었음을. 이제라도 길목을 터서 저편에서 주춤거리고 있는 행복을 맞이하고프다. 이제 내게 허여된 남은 생은 '행복'과 함께 살아야, 저세상의 긴긴밤에 추억할 이승거리라도 있지 않겠는가!

목차

들어가면서

'인간은 행복할 권리가 있다!'

종종 듣는 말이다. 그런데 '권리'만 있지 정작 자신이 행복하다고
하는 사람은 찾아보기 힘들다. 왜 그럴까? 혹시 우리가 행복의 기준을
엉뚱한 데서 잘못 찾고 있는 것은 아닐까. 우리는 통상 행복의 기준을
재화의 양, 즉 '부'에서 찾는다. 오래전부터도 그래 왔지만 자본주의 사
회에 들어오면서 그러한 현상은 눈에 띄게 강화되었다. 그런데 아이러
니하게도 세상은 (물질적 측면에서) 점점 더 풍요로워지고 있는데, 우리들
의 행복은 점점 요원하기만 하다. 아니 오히려 자꾸 행복에서 멀어지는

느낌이다. 그렇다면 뭔가 잘못되어 있는 것은 아닐까? 이 책은 이러한 문제의식에서 출발한다.

이 책이 '부'의 문제를 다룬다고는 하지만 '부'를 경제학적 관점에서 다루려는 것은 아니다. '부'와 '행복'의 상관관계가 중심 테마이다. 다시 말해, 부의 축적 과정이나 자본 흐름의 메커니즘, 또는 경제학의 원리를 다루려는 것이 아니라, '부'를 행복, 즉 인간 삶의 윤택함과 관련지어 그 속성을 알아보려는 것이다. 부와 행복의 관계가 확실히 정립되어야 비로소 그에 걸맞은 경제적 관점이 생기고 경제 정의니 경제 성장이니 하는 것에 대한 올바른 답도 나올 수 있기 때문이다. 저명한 경제학자 케인스는 "경제학은 자연과학이 아니라 윤리다"라고 말했다. 사실 경제학은 그동안 철학적이며 가치적인 것을 강조했어야 함에도 불구하고 정교한 수학을 수단으로 삼았고, 나아가 그러한 소홀함을 은폐해 왔다.[01] 경제학이 인간의 삶을 위한 것이라면, 지금의 경제학보다는 훨씬 더 인간의 행복에 관심을 갖고 인간 삶과 연계된 쪽으로 나아가야 할 것이다.

'부'가 세간의 관심을 받는 것은 '부' 그 자체 때문이 아니라, 그것이 행복과 밀접한 관련이 있다고 생각되기 때문일 것이다. 그런데 일반

---

01   로버트 스키델스키, 『흔들리는 자본주의 대안은 있는가』, 곽수종 역, 한국경제신문, 2014, 364-368쪽.

적으로 말해지듯 그것이 과연 행복을 약속하는 무조건적 보증수표일까. 그렇지 못하다면 그 이유는 무엇이고, 그럼에도 불구하고 사람들이 부나방처럼 끊임없이 부의 불길 속으로 뛰어들어 삶을 피폐화하고 결국 불행을 자초하는 이유는 어디에 있는 걸까. 화마火魔 속에서 우리들을 구해 낼 방안은 있는 것일까? 있다면 그것은 무엇일까? 나아가, 그럼에도 불구하고 현실적으로 '부자'가 있을 수밖에 없다면 그들의 삶의 태도는 어떠해야 하고, 그 이유는 무엇일까?

이 책은 이러한 문제들을 중심으로 전개될 것이며, 따라서 인간관, 행복관, 탐욕과 그 극복 방법 등이 본문의 적지 않은 부분을 차지하게 될 것이다. 또 하나 언급해 둘 것은, 이 책에서는 이러한 내용을 동양 전통철학적 시각에 맞추어 고찰할 것이라는 점이다. 다시 말해 동양에서는 예로부터 부를 어떻게 규정해 왔으며, 그것이 행복과 어떤 관계에 있다고 보았는지, 만일 부정적으로 보았다면 그 이유는 무엇인지 등에 대하여 살펴보고자 한다. 서구 주도의 논리는 이미 그 실효성을 의심받고 있으며, 자구책으로 제시되는 방법마다 오히려 부정적 현상을 악화시키는 결과를 빚어 왔기 때문이다. 이제 이분법적 사고를 넘어서 합일을 중시하고, 이를 위해 내면 공부에 심혈을 기울여 온 동양 전통철학이 그 대안으로 나서야 할 때라고 생각한다. 동양 전통철학 속에서 해결책을 찾고자 하는 이유가 바로 여기에 있다.

'부'의 문제

1. 부란 무엇인가?

현대 국어사전을 찾아보면 '부'란 '많은 재산', '가치 있는 물질적 소유물' 또는 '특정한 경제 주체가 소유하고 있는 재화의 전체'라고 되어 있다. '물질적 소유물'은 재산, 즉 현금, 저축, 소득, 부동산 등을 뜻하며, 통상 우리는 이것들을 가치 있는 것으로 여긴다.

그런데 주지하듯이 단어에도 역사가 있어 한 단어의 의미도 시대에 따라 변화한다. 그렇다면 '부'의 옛 뜻은 무엇일까? '부'는 물론 한자에서 온 말이므로 '부'의 시원적 의미를 알아보려면 한자어 '富'의 기원에 관하여 살펴보아야 한다. 한자는 기본적으로 형상을 본떠 만든 상형문자이다. 그렇다면 '富'는 무엇을 본뜬 것일까. '富'는 집안(宀)에 술통(畐)이 있는 모습을 형상화한 것으로, '넉넉하다', '풍요롭다'의 의미를 갖고있다. 술통이 집 안에 그득하면 '富'라니, 그것은 무엇을 의미하는 걸까. 술은 곡식에 여유가 있어야 빚을 수 있으니 집 안에 술통이 가득 있으면곡물이 넉넉하다는 것이고, 바로 그것이 '부(富)'라는 것이다 ― 하기야요즘도 부자들의 집 지하실에 가면 와인 창고가 있어 진귀하고 값비싼와인들이 보관되어 있고 그것을 마실 수 있는 와인바가 따로 있다고 하니, 참 기막히게 적절한 한자라고 생각된다.

그렇다면 宀 아래 곡물을 뜻하는 글자를 쓰지 왜 굳이 '술통'을 썼을까. 여기에는 신(神)을 중시했던 당시 사람들의 가치관, 세계관이 깃들어 있다. 고대는 신 중심의 사회로, 모든 것을 신의 입장에서 생각했다. 그 신이 바로 술을 좋아하였다. 따라서 '술'이 인간 소유물 중 가장 가치있는 것이었다. '복(福)'이란 집 안에 있는 그 술(畐)을 신(示)께 바치는 것을뜻한다. 집에서 가장 중요한 술을 신께 바치면 신으로부터 보답이 주어지는데 그게 바로 '복'이라고 본 것이다. 지금이야 가장 중요한 게 돈이므로 불전에도 교회에도 각종 명목으로 돈을 바치지만, 먼 옛날에는 술이 가장 중요한 보물이었던 모양이다. 결국 '부'란 집 안에 가치 있는 자기 소유의 물건이 많음을 뜻하는 것이고, 지금은 돈이 가장 중요하고 가치 있는 것이라고 생각되는 만큼 돈이 많은 사람이 '부자'로 칭해지는 것이다. 따라서 현대 국어사전에 위와 같이 정의되어 있는 것은 당연한 것이다.

그런데 모든 사람들이 그렇게 생각하는 것은 아니다. "진정한 부자는 마음이 풍요로운 사람"이라는 말을 가끔 듣는데, 이 말에는 가장 큰 가치를 지닌 보물은 바로 마음이라는 생각이 담겨 있다. 우리는 부를 물질적 재물로만 보는 데 익숙해 있지만, 내면의 아름다움, 즉 남을 이해하고 배려하는 공감능력이나 자연을 벗하고 사랑하는 품격을 가장 가치 있는 것으로 보게 된다면, ⺊ 아래 술이나 돈 대신 '내면의 아름다움'이 들어갈 수도 있는 것이다.

여하튼 지금 우리가 살고 있는 자본주의 사회에서는 통상 '돈'이 '부'의 상징이다. 자본주의 사회에서의 '부'는 소비할 수 있는 양에서 결정되고, 소비의 주된 매개체는 돈이기 때문이다. 그런데 부의 기준이 돈이라면, 돈이 많아서 어떻다는 것인가. 그것이 왜 중요한 문제가 되는 것일까? 바로 부가 인간의 행복과 관계있다고 생각하기 때문이다. 사실 행복을 견인하지 않는 부라면, '돈이 많다는 것'이 재화가 많다는 수치적 사실을 가리키는 언표 이외에 무슨 의미를 가질 수 있겠는가.

그런데 돈 많은 부자들은 과연 행복할까? 우리가 부러워하듯이 그들은 실제로 행복한 삶을 살아가고 있을까? 물론 돈이 없으면 힘겹고 고달프다. 소액의 병원비조차 없어서 생으로 앓으며 야윈 몸뚱이로 고통의 시간을 버텨 내야 하는 사람들, 배고픔을 이기지 못해 라면을 훔쳐서라도 배를 채워야 하는 사람들, 하루 종일 폐지를 줍고 고물상에서 단돈 몇천 원을 손에 쥐고 돌아와 지치고 고단한 몸에 고작 빵 한 조각밖에 선사하지 못하는 사람들, 아프리카 오지에서 굶주림과 병마에 신음하는 사람들 … 분명 빈곤은 고통이다. 때로는 지옥을 맛볼 정도로!

이에 반해 '부'가 있다면 자신이 원하는 것을 자신이 원할 때 언제라도 손에 넣을 수 있으며, 심지어는 권력을 행사하고 타인을 지배할 수도 있다. 그렇다고 과연 부가 행복을 보장해 주는 것일까? 금고 가득 금괴를 쌓아 놓고 알짜배기 부동산을 소유하여, 하루 수백만 원씩 술값을 지불하고 명품으로 온몸을 치장한 사람들은 과연 행복할까? 타인을 자기 마음대로 부리는 사람들은 정말 행복한 것일까? 부자가 안 되어 봐서 모르겠지만, 오히려 여유 없이 살면서 각종 정신질환에 시달리는 사람들 대부분이 부자인 것을 보면 부자가 반드시 행복하지만도 않은 것 같다. "부자가 되면 느는 것이라곤 허리둘레와 당뇨뿐이다"라는 말도 있듯이, 부와 행복의 상관관계는 좀 더 생각해 봐야 할 문제인 것 같다.

만일 (금전적) 부가 행복과 직결되지 않는다면, 과연 행복을 담보하는 '부'를 어디에서 찾을 것인가, 어디에서 찾아야만 할 것인가.

2. 돈이란 무엇인가?

화폐(돈)의 일차적 기능은 물품 매개의 수단 즉 '교환수단'의 기능에 있다. 인간에게 잉여생산물이 늘자 남는 물건과 필요한 물건을 직접 교환하는 거래 형태, 즉 '물물교환'이 생겨났다. 생활필수품 이외의 생산품이 그렇게 많지 않았고, 필요한 건 대부분 스스로 만들어 썼기 때문에 물물교환의 시대는 상당 기간 지속되어 중세 초기까지도 물물교환이 주요한 거래 형태였다. 물물교환이란 신발이 필요한 사람은 자기 집에 여유가 있는 물품(예를 들어, 달걀이라고 하자)을 들고, '달걀을 원하면서도 신발에 여유가 있는 사람'을 찾아 거래를 하는 것이다. 상상하듯 달걀을 들고 이리저리 돌아다니면서 신발이 남는 사람을 찾는 것은 불편하기 이를 데 없다. 더구나 가치가 다른 달걀과 신발을 직거래하는 데에는 많은 불편이 따랐다.

이에 거래량이 많아지면서 상호 간에 가치가 동일한 물건을 거래의 중간 매개물로 사용하게 되었다. 이렇게 되면 굳이 신발이 필요한 사람을 찾으러 다닐 필요가 없고 더구나 달걀과 신발의 가치를 어렵게 환산할 필요도 없다. 단, 중간 매개물로 사용되는 것은 누구에게나 중요하고 필요한 물건이어야 했다. 이때 주로 사용되던 것이 쌀, 소금, 직물 등의 필수품이었다. 그러나 이것은 운반, 저장, 축적 등에 많은 문제점을 갖고 있었다. 따라서 상업이 그다지 발달하지 않았던 시대에는 그런대로 그 역할을 담당했으나, 상품 거래량이 급격히 늘어나고 직업이 세분화됨에 따라 사람들은 새로운 '매개수단'을 구하게 되었다.

이러한 필요에 부응하여 탄생한 것이 화폐였다. 화폐는 몸에 지니기 용이하고 상하지도 않는 물품이기에 매우 편리했다. 다만 쌀이나 소금 등과 달리 그 자체로는 아무 쓸모가 없는 물건이기 때문에 그것의 가치를 확실히 보증해 줄 힘이 필요했다. 이 임무를 담당한 것이 국가였다. 국가 역시 화폐를 주조하고 발행하는 것이 재정 안정에 도움이 될 수 있음을 알고, 녹봉을 화폐로 주거나 세금을 화폐로 거두는 등 국가적 차원에서 화폐의 가치를 담보하고 그것을 유통시키는 데 주력하였다. 특히 동서무역이 활발해지는 11세기 이후, 화폐가 모든 대체품을 제치고 거의 유일한 거래수단으로 부상하게 된다. 더구나 국가의 힘이 막강해지면서 국가가 발행한 지폐가 화폐로 등장하게 되고, 이에 돈은 점차 보편적이고 절대적인 매개수단이 되어 갔다. 이후 상품 매매의 승자가 된 화폐는 교환수단이라는 본질적 기능 이외에 축적의 수단, 부의 증식수단, 권력지배의 수단으로 사용되면서 전방위적으로 막강한 지위를 누리게 된다.

자본주의가 극에 달하고 신자유주의 물결이 세상을 휩쓰는 지금은 돈이 곧 신神인 세상이다. 전에 없이 강한 물신주의에 세상이 홀딱 빠져 있는 것이다. 모든 것이 돈으로 평가되고 계산되며 결국 돈으로 귀결되는 세상, 급기야 인간의 감정이나 정서 등 모든 것을 돈으로 환산할 수 있다는 생각이 고개를 들고 있다. 예를 들어 '휴먼 캐피털(인적 자본)'이라는 말을 최초로 사용한 게리 베커Gary S. Backer는 모든 것 —예를 들어 정열, 사랑, 범죄를 저지르는 이유, 결혼하는 이유, 모성애 등— 을 경제학적으로 환산할 수 있다고 주장한다.[01] 하기야 자본주의의 논리에 일정 정도 토대를 제공했던 공리주의가 이미 '쾌락계산법'[02]이라는 것을 제시하였으니 그리 이상할 것도 없다.

도대체 돈이란 무엇일까? 우리의 삶과 어떤 관계에 있는 것일까? "상대의 재산이 자기보다 열 배 많으면 이를 헐뜯고, 백 배 많으면 두려워하며, 천 배 많으면 기꺼이 그의 심부름을 해 주고 만 배 많으면 그 하인이 된다." 중국 최고의 역사서라 일컬어지는 『사기』의 저자 사마천의 말이다.[03] 돈의 위력에 모골이 송연하지 않은가! 지금 현실에서

---

01 이시백 외, 『나에게 돈이란 무엇일까?』, 철수와영희, 2012, 126쪽에서 재인용.

02 행위의 옳고 그름을 판단하는 기준을 '최대다수의 최대행복'에서 찾았던 공리주의자들은, 그 행복의 기준을 '쾌락'(이득, 편의, 선, 행복을 가져올 만한 모든 대상의 속성, 즉 공리성)의 증대로 규정하고, 인간의 쾌락을 합리적으로 계산해 낼 수 있다고 주장한다. 그들의 주장에 따르면 쾌락은, ① 강도, ② 지속성, ③ 확실성, ④ 근접성, ⑤ 다산성(多産性), ⑥ 순수성, ⑦ 범위 등에 의하여 정확히 계산될 수 있다.

도 똑같은 일이 일어나고 있기에 그 두려움은 더욱 크다. "돈만 있으면 귀신도 부린다"는 말이 있듯이, 부를 거머쥔 자들은 정재계의 권력자와 판검사는 물론 언론인, 학자 심지어 의사나 교도관까지도 매수하여 수족 부리듯 하고 있으며 —그래서인지 근 몇 년 동안 이런 테마를 다룬 영화와 드라마가 끊이지 않고 있다— 신문지상에는 매일 이런 종류의 뉴스, 소위 부자들의 '갑질' 기사가 끊이지 않는다. 그런데 더욱 두려운 것은, 있어서는 안 되는 이 슬픈 현실을 기정사실로 받아들이고 있는 현 상황이다.

하늘 아래 인간은 평등하지 않던가. 돈이 아니라 그 어떤 것에 대해서도 인간은 평등하며 타인에게 정신적으로도 육체적으로도 종속되지 않아야 하지 않는가. 그런데도 예나 지금이나 현실은 그렇지 않으니 정말 안타까운 일이다. 동물 사회에는 힘에 의한 불평등이 있다(그것이 인간이 생각하는 '불평등'이라는 개념에 합당한 것인지는 논외로 치자). 인간 역시 동물이라는 점에서 본다면 이런 현상이 어쩌면 당연할지도 모른다. 그러나 인간은 여타 동물들과 달리 인간이 가진 많은 장점들을 포기하면서까지 집요하게 이성을 발달시켜 온 동물이다. 그런 인간에게 있어서 '자유'와 '평등'은 그야말로 삶의 조건이고, 삶 그 자체이다. 타인에게 구

03 『사기』「화식열전」.

속박는다면 그것은 삶이 아니라 이미 죽음이다. 살아 있어도 죽은 것이다. 그럼에도 불구하고 2000여 년 전의 사마천의 말이 지금까지도 현실이라니 정말 안타깝다. 돈이 무엇이기에 타인을 나의 노예로 만들어 버리고 자기를 대신해 죽게 할 수도 있는 걸까.

민주화운동이 한창이던 1970-1980년대에 "돈, 돈, 돈, 돈에 돈 돈 악마의 금전 …"(〈돈 타령〉이라는 구전가요)이라는 노래가 학생들 사이에 회자되었다. 그리고 그보다 훨씬 이전, 카를 마르크스는 "화폐가 뺨에 자연의 핏자국을 묻히고 이 세상에 태어난다면, 자본은 머리에서 발끝까지의 모든 털구멍에서 피와 오물을 흘리며 태어난다"(『자본론』)라는 섬뜩한 말을 하고 있다. 그런데 생각해 보면 어딘가 이상하다. 위에서도 언급했듯 우리는 누구나 돈을 원하고 있지 않은가. 그것도 돈이 모든 것이고, 돈이 행복의 절대 기준인 양 말이다. 그래서 '돈벼락'을 맞고 '돈방석'에 앉고 싶어 하며, "세상에 돈으로 안 되는 일이 어디 있어?" 하면서 입만 열면 돈, 돈 하는 것 아니겠는가? 요즘 가장 흔한 인사가 "부자 되세요!"일 정도이니 새삼 말할 필요도 없을 것이다. 도대체 '돈'은 무엇이기에 한편으로는 우리들이 가장 갖고 싶어 하는 미다스의 손[04]이면서, 다

---

04 소아시아 프리기아의 왕 미다스는 디오니소스 신의 친구이자 숲의 신인 실레노스를 사로
    잡았으나 친절하게 대해 주었다. 이에 대한 보답으로 디오니소스는 미다스에게 아무것이
    나 그가 원하는 한 가지 소원을 들어주겠노라 약속한다. 이에 미다스는 자신의 손이 닿는

른 한편으로는 모든 털구멍에서 피를 흘려 대는 악마의 금전이기도 한 것일까?

언제라도 가능한 모든 것과 교환할 수 있음으로 해서 자신이 바라는 바를 거의 완벽하게 충족시켜 주는 돈의 효용이야 설명하지 않아도 누구나 알고 있을 것이다. 그런데 돈은 또 왜 부정적 측면을 갖고 있는 것일까?

소비수단으로서의 돈이 가진 가장 큰 문제점은 이른바 '쾌락 적응 현상'에 있다. '쾌락 적응 현상'이란, 같은 자극에 같은 크기의 행복을 느끼지 못하는 것, 다시 말해 시간이 지나면 그 쾌락에 적응하여 처음 자극에 만족하지 못하고 같은 크기의 행복을 위해 점점 더 강한 자극이 필요해지는 것을 말한다. 예를 들어 월급이 100만 원이었다가 200만 원으로 오르면 처음 얼마 동안은 행복하지만 이후 점점 행복감이 줄어들어 나중에는 200만 원의 월급에 무감각해진다. 누구나 겪어 본 일일 것이다. 물론 우리들은 모든 자극에 이와 같이 반응하는 것은 아니다. 예

것은 무엇이든 금으로 변하게 해 달라는 부탁을 하고, 이 소원은 이루어진다. 정원수, 조각물, 가구 할 것 없이 자신의 손에 닿으면 모두 황금으로 변하자 처음에는 너무 흥분하고 행복했으나, 먹으려던 음식도 금으로 변하고, 심지어 무심코 안은 사랑하는 딸마저 금으로 변하자 깊이 후회하고 소원을 물러 주길 디오니소스에게 간청한다. 이후로 '미다스의 손'은 '무엇이든 손대는 일마다 성공하는 재주'를 뜻하는 말로 쓰이게 되었다. 여기서는 '돈'이 원하는 것은 무엇이든 손에 넣을 수 있다는 의미로 사용되었다.

를 들어, 기존의 자극이 보다 오래가는 것으로는 사랑, 우정 등을 들 수 있다. 물론 이것들도 영원히 같은 크기로 반응하지는 않겠지만, 그래도 소득이나 소비(집의 크기 또는 자동차의 종류 등)에 관한 반응보다는 상대적으로 오래 지속된다고 할 수 있다. 단, 이러한 감정들 역시 결국에는 돈에 좌우되고 마는 요즘 현실이 안타깝다. 인간의 욕구 중에서 '쾌락 적응 현상'에 가장 쉽게 노출되어 있는 것이 재물욕과 권력욕이라고 한다. 우리가 살고 있는 자본주의 사회는 모든 욕구 충족이 '돈'으로 모이는 사회이고 따라서 권력욕 역시 재물욕과 다름없다.

우리는 지금 원하는 것들을 손에 넣기 위해 부자를 꿈꾸지만, 막상 부자가 되면 지금 원하는 것들은 이제 더 이상 눈에 차지 않게 되고, 그보다 훨씬 더 비싸고 귀한 물건들을 원하게 된다. 이전에 원했던 것을 소유하는 것으로 만족한다면 행복도 따를 수 있겠지만, 이처럼 욕구가 점점 증폭된다면 이미 부는 부가 아니다. '결핍'이라는 면에서는 여전히 가난하며, 그 원하는 대상의 가격 등을 감안하면 이전보다도 훨씬 더 가난한 상태이다.

이처럼 돈에 대한 소유욕은 자연히 '탐욕'으로 변질되며, 이 탐욕은 끝없이 증가하면서 사랑, 우정 그리고 가정마저도 집어삼키며 우리를 괴물로 만들어 간다.

우리가 잘 아는 성어 중에 '조강지처糟糠之妻'라는 말이 있다. 『후한

서後漢書』「송홍전宋弘傳」에 나오는 말로, 어느 날 황제(후한 광무제)가 과부가 된 지 얼마 안 된 누이의 재혼을 위해 공주를 불러 조정 신하들에 대한 인물평을 하였다. 누이가 누구를 마음에 품고 있는지 알아보기 위해서였다. 대화 도중 누이가 은근히 송홍에게 마음을 두고 있음을 알아챈 황제는 어느 날 누이를 병풍 뒤에 앉힌 뒤 송홍을 불러 "'귀역교, 부역처貴易交, 富易妻(사람의 신분이 귀해지면 교제하는 친구를 바꾸고, 부유해지면 부인을 바꾼다)'라는 말이 항간에 떠도는데 그것이 인지상정인가?" 하고 묻는다. 누이를 병풍 뒤에 앉힌 것은 송홍의 의중을 직접 들어 보라는 것이고, 위의 질문은 재혼에 대한 송홍의 마음을 떠보기 위함이었다. 이에 송홍은 다음과 같이 말한다. "제가 알기로는, 가난하였을 때의 친구는 절대 잊어서는 안 되며, 조강지처(지독히 가난하여 술지게미와 겨를 밥 대신 먹으면서 가난을 이겨 낸 첫 부인)는 절대 집 밖으로 내쫓아서는 안 된다고 들었습니다." 황제의 질문과 송홍의 대답이 모두 걸작이고 품격이 있다. 특히 질문의 의도를 모를 리 없는 송홍이 황제 앞에서 당당히 거부하는 기개가 놀랍도록 아름답다. 예나 지금이나 부귀해지면 우정과 사랑도 바꾸는가 보다. 고대문헌에서 그 실례를 찾아보자.

그대는 (재혼의) 신혼 꿈에 취하여/나를 거들떠보지도 않는군요.
… 예전 어렵고 궁할 때는 그대와 함께 고생했건만/이제 살 만하

니 나를 독벌레 취급하네요. … 나를 사납고 무섭게 다그쳐 모진 고생 시키더니/그 옛날 나 시집오던 때 날 사랑하시던 그 일을 잊으셨나요. (『시경』「패풍」곡풍)

남편에게 버림받은 여인의 처연한 모습이 눈에 생생하다. 아마 부해지면 새장가를 드는 일이 다반사였으니 황제도 이를 넌지시 물은 것이리라. 그래도 예전에는 송홍처럼 '귀역교, 부역처' 하지 않는 이들도 꽤나 있었지만, 지금은 예사로 '귀역교, 부역처' 하는 사회로 변했다(법적 재산 문제로 정식 이혼은 하지 않더라도 실상 이혼과 다름없는 생활을 하는 사람들이 적지 않다).

유명한 카프카의 소설 『변신』은, 어느 날 아침 갑자기 벌레로 변해 버린 '그레고르 잠자'라는 주인공을 통해서 우리가 보편적 가치라고 여겨 온 '가족 간의 사랑'이란 것이 자본주의 사회에서 여지없이 무너져 내리고 있음을, 기발한 상상력으로 예리하게 비판하고 있다. 특히 주인공의 죽음 이후 부담스러운 짐(그레고르)을 떨쳐 버린 가족들이 홍겹게 미래를 예기하며 여행하는 장면에서는 가슴이 아려 온다. 이처럼 기존에 숭고하다고 여겨지던 가치들마저 '돈' 앞에 속절없이 무릎 꿇는다. 만물의 영장임을 자부하는 인간도 돈 앞에서는 속수무책이다.

사실 '돈'은 생각보다 요물이다. 화폐를 통한 경제관계가 확대되면 기존의 사회(가치)관계는 해체되어 버린다. 인간 삶을 윤택하게 하기 위해 고안된 화폐가 도리어 인간 삶을 고사시키는 상황이 초래되는 것이다. 이와 같은 현상은 왜 일어나는 것일까?

돈이 물품 매개의 절대적 지위를 차지하면서 경제적 거래의 대상들이 지니고 있는 돈으로 표현될 수 없는 부분들이 간과된다. 다시 말해 돈이라는 수치화된 매개물로 그 대상의 가치를 재단하면서 양화된 화폐가치(가격)만이 유일하게 부각되고, 각 사물들이 지닌 특성들은 사장되고 마는 것이다. 그리고 결국 각기 특별한 가치를 지니고 있는 대상들을 오로지 '비싸냐, 싸냐'라는 기준으로만 규정하게 된다.[05] 『어린왕자』에서 말하듯이 "창가에 제라늄 화분이 있고 지붕에는 비둘기가 앉아 있는 아주 멋진 장밋빛 벽돌집을 보았다"라고 하면 우리(어른)들은 그 집을 머릿속에 떠올리지 못한다. 대신 "오늘 나는 10만 프랑짜리 집을 보았어요"라고 말하면 "와! 정말 근사하겠군!" 하고 외치는 것이다. 이렇게 되면 상품(대상)만이 소외되는 것이 아니라 인간 역시 자신으로부터 소외된다.

다양한 삶을 즐길 수 있는 많은 사람들이 자신의 개성(적성)을 버리고 돈의 많고 적음에 따라 수직 계열화된 삶을 살아간다. 부자들은 어

---

05 게오르그 짐멜의 『돈이란 무엇인가』 제2장을 참고하여 재구성한 것임을 밝혀 둔다.

떤 물건이 단지 '비싸다'는 이유로 구매하고, 가난은 수치에 의해 결정되어 가난한 자를 고통으로 몰아간다. 결국 수단에 불과한 돈이 목적이 되어 버리고, 일생을 돈의 획득을 목표로 살아가면서 소유하고 있는 돈의 많고 적음으로 '행복'을 측정하는 현상이 일어난다. 그러나 삶의 끝에 이르면 결국 (돈의 특성상) 그것이 아무런 쓸모도 없는 것이고, 자신의 삶이 내용 없는 '수단'에 함몰되어 많은 가치들을 제거해 버린 비참한 삶이었음을 깨닫고 회한 속에서 삶을 마감하게 된다.

가난하지만 정의로운 사람보다는 불의를 저지르더라도 부자가 되고 싶다고 생각하는 사람들이 많은 사회. 그래서 '귀역교, 부역처' 하는 사회. 돈 앞에서는 우정이나 결혼도, 심지어는 가정도 쉬이 깨져 버리는 사회. 이것이 우리 사회의 현주소이며, 이것은 앞에서 이야기한 돈의 부정적 측면에 기인하는 바가 크다. 더구나 돈의 가치가 극대화된 자본주의 사회에서는 기존의 어느 사회에서보다 그 강도가 훨씬 심하다.

3. 자본주의 사회와 문제점

오랜 기간 물물교환에 의지했던 서구 사회는 11세기 이후 급격히 증가한 동서무역의 발달로 상업의 발달을 가져오고, 이에 상공인들을 중심으로 한 도시가 발달하여 상업 발전의 선순환을 가져온다. 이와 더불어 중세 봉건 영주제가 약화되면서 영지 역시 인클로저 운동으로 농노가 남아돌게 되고 이들은 영지를 벗어나 도시로 몰려들어 생산수단을 잃어버린 직인들과 함께 무산노동자계급을 형성한다. 때마침 과학의 발달로 기계를 이용한 공장들이 들어서고 이들 공장은 무산노동자를 고용하여 대규모 생산에 박차를 가한다. 공장주들은 대량 생산과 낮은 임금으로 거대 자본을 축적하면서 자본가로 부상한다. 더욱이 식민지 건설을 통한 약탈무역으로 대량의 자본이 축적되면서 이제 새로운 시대, 즉 자본과 노동의 결합을 통한 이윤창출의 극대화를 추구하는 자본주의 시대를 형성하게 된다.

자본주의는, 인간은 이성을 지니고 있는 자유인이며 사회나 국가의 간섭 없이도 스스로 자신의 인생을 설계하고 자신의 이익을 합리적으로 추구할 능력을 갖고 있다는 인간관을 바탕으로, 각 개인이 자신의 이익을 추구하게 되면 사회의 이익을 증가시키려고 했을 때보다 오히려 훨씬 효과적으로 사회의 이익을 증가시키게 된다는 애덤 스미스의 자유주의 경제론을 받아들인다. 이후 개인의 자유로운 경제활동과 이윤창출을 보장하는 각종 제도의 성립과 함께 자본주의가 확고한 위치를 차지하게 된다. 자본주의는 15-16세기 중상주의와 식민지 개척으로 상업자본을 축적했던 '상업자본주의'를 거쳐 산업혁명으로 대량 생산이

가능하게 되면서 산업자본을 축적한 '산업자본주의' 시대를 맞이한다. 이후 1930년대 세계 대공황을 겪게 되면서 경제에 있어서의 국가의 역할을 강조하고 자유보다는 평등과 복지 확대를 주장하는 '수정자본주의' 시대에 접어든다. 이후 1980년대부터 다시 정부 역할의 축소와 시장경제의 자율성을 강조하며 완전히 자유로운 경제를 주장하는 '신자유주의' 시대를 맞이한다.

　　자본주의는 사유재산제, 자유시장, 자유계약, 이윤추구를 지향하는 경제체제로, 물질적 풍요를 누리기에 흡사 좋은 체제였고, 실제로 자본주의하에서 물질적으로 유례없는 성장을 이루게 된다. 그러나 커다란 부를 창출하여 물질적 풍요를 가져온 바로 그 메커니즘은 역설적으로 어느 시대에도 겪어 보지 못한 결핍감 또한 인류에게 안겨 주었고,[06] 20세기 초·중반에 급속히 성장한 자본주의는 부의 증가와 함께 사람들의 가치관을 전도시켜 극단적 개인주의와 '황금만능주의'를 만연케 했다. 이에 정치도 경제도 문화와 교육도 돈이라는 거대한 블랙홀로 빨려 들어가, 온 사회가 '돈'이라는 가치 기준 아래 정렬되었다. 이 문제에

06　파리경제대학교 토마 피케티(Thomas Piketty)의 『21세기 자본』에 따르면, 자본주의에서는 돈이 돈을 버는 비율이 노동이 돈을 버는 비율보다 현저히 높기 때문에 부가 대기업과 부자에게로 집중되는 현상이 가속되며 그렇지 못한 사람들은 극심한 결핍을 느끼게 된다고 한다.

관해서는 뒤에서 다시 기술하기로 하고 잠시 한 가지 의문점에 대하여 살펴보기로 한다.

주지하듯이 자본주의가 시작된 곳은 서구이다. 그런데 자본주의는 왜, 일찍부터 선진적 국가체계를 이룩했고 많은 부분에서 초기 자본주의적 특성을 공유하고 있었던 동양(특히 중국, 인도)에서는 발생하지 않고, 서구에서 탄생하였던 것일까. 그 원동력 또는 자본주의를 일으킨 서구의 정신은 무엇이었을까?

다행히 이에 관해 평생에 걸쳐 깊이 연구한 학자가 있으니 바로 막스 베버Max Weber(1864-1920)이다. 그의 주장을 따라가면서 자본주의의 태생과 그 성격에 관하여 살펴보기로 한다.[07]

베버가 규정하는 '자본주의'란, 합리적인 경영방식에 맞게 자본을 이용하고 노동을 합리적으로 조직화하여 경제적 거래를 행하는 경제체제를 말한다.[08] 그에 의하면 이러한 현상은 근대에 들어와 비로소 성립된 것인데, 이러한 경제체제를 성립시킨 소위 '자본주의 정신'은 "직업을 통해 체계적이고 합리적으로 정당한 이윤을 추구하려는 정신

---

07   이 부분은 졸고 「이시다 바이간과 막스 베버의 경제윤리」(『동양철학연구』 81, 2015)에 실린 것을 수정, 보완한 것임을 밝혀 둔다.

08   막스 베버, 『프로테스탄티즘의 윤리와 자본주의 정신』, 박성수 역, 문예출판사, 1996, 42-43쪽.

적 태도"[09]였다고 한다. 그렇다면 이러한 정신적 태도는 어디에서 생겨났을까.

그는 근대자본주의의 특징인 합리적 이윤(이득)추구의 정신을 낳은 것이 칼뱅을 계승한 프로테스탄트 사상이었다고 생각했다. 물론 자본주의 형태는 프로테스탄트 등장 이전에도 존재하였고, 또한 그것만이 자본주의 발전의 유일한 원인이라는 것은 아니다. 다만 여타 지역에서는 볼 수 없을 만큼 자본주의의 폭발적 성장이 일어났던 몇몇 국가(네덜란드, 영국, 미국 등)의 당시 상황을 분석해 보건대 프로테스탄티즘 윤리가 자본주의 성장에 매우 중요한 역할을 했다는 것이다. 그런데 왜 자본주의는 하필 칼뱅신학을 받아들인 프로테스탄트의 나라들에서 활짝 꽃을 피웠을까. 그는 그 중요한 요인이 '종교의 세속화'[10] 현상 즉 프로테스탄티즘이 일상을 강조하고 직업을 통한 현세적 노동의 가치를 강조한 점에 있다고 여겼다. 그리고 이러한 현상의 근원에는 '기독교적 금욕주의'가 자리하고 있었다.

09 막스 베버, 앞의 책, 48쪽.
10 베버는 종교의 '현세적 지향성'이라는 표현을 사용하면서, 그것이 칼뱅주의의 큰 특징임을 강조하고 있다. 여기서 '종교의 세속화'라는 표현은, 종교적 신념의 에너지를 일상 속에서 발하도록 하는 것이라는 의미로 사용하였다.

근대적 자본주의 정신, 그리고 그뿐 아니라 근대적 문화의 구성적인 요소 중 하나인 직업사상에 입각한 합리적 생활방식은 —이것이 이 책이 증명하려던 점인데— 기독교적 금욕의 정신에서 탄생한 것이다.[11]

그렇다면 '기독교적 금욕의 정신'은 어떻게 자본주의 정신의 토대가 될 수 있었을까. 일견 이질적으로 보이기까지 하는 이 두 항은 어떤 연결 고리를 갖고 있는 것일까. 왜 '금욕'이 이윤추구의 방향으로 나아갔을까. 그것은 서구의 독특한 수도원 전통에 기인하고 있다. 서구 수도원에서는 오래전부터 노동을 중요한 금욕의 수단으로 간주해 왔다.[12] 부정不正한 생활의 유혹에 대한 강력한 예방책으로 노동을 강조하였던 것이다. 서구 전통에서 노동은 신의 율법이 명하는 것이고, 신의 영광을 위해 신이 인간에게 부과한 명령이기도 했다. 그런데 금욕을 위한 노동은 칼뱅주의에 들어와서는 단순한 노동이 아니라 일상 속에서의 '합리적 직업활동'을 의미하는 것으로 확장된다. 확실한 직업이 없는

---

11 막스 베버, 앞의 책, 144쪽.
12 "노동은 오래전부터 인정된 금욕적 수단이다. 서양의 교회에서는 동양뿐 아니라 세계의 거의 모든 승려 규칙과는 달리 오래전부터 노동을 금욕수단으로 평가해 왔다"(막스 베버, 앞의 책, 126쪽).

상태에서의 불규칙한 노동은 태만에 많은 시간을 낭비하게 하고, 따라서 현세적 금욕이 요구하는 체계적이고 합리적인 성격을 결여하고 있다고 보았던 것이다.

> 신을 기쁘게 하는 유일한 방법은 수도승적 금욕주의를 통해 현세적 도덕을 경시하는 것이 아니라 오직 현세적 의무를 완수하는 것이라 보았다. 이러한 현세적 의무는 각 개인의 사회적 지위에서 발생하는 것으로서 곧 그의 '직업'이 된다.[13]

이제 단순히 수도승적 금욕으로서의 노동이 아니라, 일상을 영위하는 노동으로서의 '직업활동'이야말로 금욕을 통해 신의 영광을 이 땅에서 재현하는 일로 부각된다.[14] 즉 직업(노동)은 신이 부여한 '소명_{召命}'인 것이다. 그런데 직업활동은 ─특히 자본가(기업가)에게 있어─ 자연히 이윤추구의 활동과 연계된다. 따라서 직업활동의 긍정은 이윤추구의 긍정과 맥을 같이하기에 이른다.

---

13 막스 베버, 앞의 책, 60쪽.
14 "세상에서의 칼뱅교도들의 사회적 노동은 오직 '신의 영광을 더하기 위한' 노동일 뿐이다. 그러므로 모든 이의 현세적 삶에 봉사하는 직업노동도 역시 그러할 뿐이다"(막스 베버, 앞의 책, 84쪽).

현세적인 프로테스탄트의 금욕은 전력을 다해 재산 낭비적 향락에 반대해 왔고, 소비, 특히 사치재 소비를 봉쇄해 버렸다. 반면에 이 금욕은 재화획득을 전통주의적인 윤리의 장애에서 해방시키는 결과를 낳았으며, 이익추구를 합법화시켰을 뿐 아니라 직접 신의 뜻이라고 간주함으로써 이익추구에 대한 질곡을 뚫고 나왔다.[15]

이렇게 해서 이윤을 추구하는 활동은 도덕적 의무이고 신으로부터의 소명이며 인생의 목적이 된다. 다시 말해 인간이 삶을 영위하면서 이윤을 추구하는 행위는 단순히 물질적 생활욕구를 만족시키기 위한 것이 아니라 삶의 목적 그 자체이며 신의 영광을 더하는 행위인 것이다. 게다가 부정한 방법에 의한 것이 아닌 한, 무한정의 이윤충족도 무방하다. 아니 오히려 권장된다. 그것은 신의 영광을 더하는 길이기 때문이다.

부는 부정적인 방법으로 축재하거나, 게으른 휴식이나 향락을 초래하는 경우에만 위험하고, 합리적 방법에 의한 축적은 신을 찬미하고 신의 영광을 드러내는 방법이다. 따라서 우리는 자신의 재산이 감소되

---

15 막스 베버, 앞의 책, 136쪽.

지 않도록 보존하고, 나아가 부단한 노동을 통해 끊임없이 재산을 증대
시켜야 하는 책임 또한 갖는다.

> 만일 신이 너에게 너의 영혼이나 타인의 영혼에 해를 주지 않고
> 다른 방법보다 많은 이익을 거둘 수 있는 합법적 방법을 지시하
> 는데, 네가 이를 마다하고 보다 적은 이익을 주는 방법을 따른다
> 면, 너는 네 소명의 목적 하나에 역행한 것이며 … 육욕과 죄를 위
> 해서가 아니라 진정 신을 위해서라면 부자가 되기 위해 노동해도
> 괜찮다.[16]

그런데 직업을 통한 이윤추구 행위가 금욕과 연계되어 있으므로
자본의 사치나 낭비를 막고 부의 보존(자본의 축적)으로 나아간다는 것은
쉽게 알 수 있다. 더구나 소비활동 자체가 금욕적이었으므로, 축적된 부
가 갈 곳은 정해져 있다. 바로 더 많은 이윤을 창출하기 위한 ―그리하
여 신의 영광을 더욱 드높이기 위한― 재투자의 길이다. 특히 기업가가
부단히 재투자하여 사업을 확장하게 되면서, 이제 본격적인 근대자본
주의를 성립시키기에 이르는 것이다.

---

16 막스 베버, 앞의 책, 129쪽.

우리가 말한 소비의 봉쇄를 영리추구의 이러한 해방과 관련시킨다면, 그 외적인 결론, 즉 금욕주의적 절약 강박을 통한 자본 형성은 쉽게 얻을 수 있다. 벌어들인 것의 낭비를 막는 것이 투자자본으로서의 생산적 사용을 야기시킨 것은 말할 필요도 없다.[17]

물론 이것은 당시 새롭게 부상하고 있던 신흥부르주아를 카톨릭으로부터 자신의 신도로 편입시키고, 아울러 당시 이윤추구의 긍정에로 변해 가고 있던 사회를 정당화하기 위한 것이었지만, 여하튼 이제 신으로부터의 구원이 어떤 형이상학적 체계나 신비 또는 기도를 통해 드러나는 것이 아니라 현실 속에서 자신에게 주어진 직업(천직)을 충실히 수행하고 부를 축적하는 데서 드러난다는 매우 현실적인 종교관이 탄생하게 된 것이다. 이러한 종교관이 자본주의의 추동력으로 작용했다는 것이 베버의 생각이었다.

이렇게 등장한 자본주의는 수치적 부의 창출에는 분명 효과적인 제도였다. 자본주의가 인간을 절대 빈곤에서 구원해 준 것은 사실이고 그것을 평가절하할 마음도 없다. 지금까지 자본주의가 세계의 주류적

17 막스 베버, 앞의 책, 137-138쪽.

경제 형태의 지위를 누리고 있는 것도 이 때문이다. 그러나 동시에 자본주의는 너무나 많은 문제점을 드러내고 있다.

앞 절에서 논했던 '돈'의 문제점이 자본주의 시장에서는 극단적으로 확대되어 나타난다. 시장은 엄청난 속도로 모든 것들을 상품화해 가는데, 그 과정에서 시장가격이 상품 고유의 가치를 대신한다. 그 결과 시장가격에 의해 지지받지 못하는 상품이나 능력은 도태된다. 맑은 공기와 울창한 숲은 시장에서 사라져 가고, 남과 공감하는 능력은 나사 조립하는 것보다 무용한 능력으로 배척당한다.

오늘날 어느 국가도 진정한 자본주의 시장경제를 실현하지 못하고 있으면서도, 이상적 모델이 실현된 경우에만 얻을 수 있는 자본주의 시장경제의 이점을 소리 높여 외치고 있다. 사실 이상적 모델에서는 독과점이나 정보의 비대칭 등을 엄중히 금지하고 있지만, 우리 자본주의 시장에서는 보란 듯이 횡행하고 있지 않은가![18] 대기업은 학원이나 언론, 심지어는 골목 상권까지 침투하여 엄청난 식욕을 과시하고, 정보의 부재 또는 자본력에 의한 정보의 왜곡으로 질 좋은 중소기업의 상품은 대기업의 상품들을 이겨 내지 못한다. 이에 시장은 점점 독과점 형태로 변화된다.

---

18 윤성식, 『불교자본주의』, 고려대학교출판부, 2011, 제2장 참조.

공산주의는 인간의 이기심을 간과한 결과 실패했고, 자본주의는 인간의 적정한 이기심에 기대어 경제 성장을 이루려고 했으나 인간의 이기심이 무한한 탐욕으로 증폭될 수 있음을 간과했다. 그 결과 성장 위주의 정책으로 말미암은 양극화 현상과 이에 따른 분배 정의의 문제, 인간소외, 천박한 배금주의, 자본(가)의 무소불위한 횡포 등 많은 문제를 노정하고 있다. 더구나 근대자본주의를 지나 지금의 신자유주의에 이르면서 그 문제점들은 점점 증폭되어 가히 흉물스러운 모습을 더해 가고 있다. 이에 김규항은 다음과 같이 자본주의를 비판하고 있다. 다소 극단적인 어투이긴 하지만 귀담아 들을 필요가 있다.

> "(사치와 궁핍, 노동과 거만이라는) 터무니없고도 서글픈 대비"의 전적인 생산자이자 그것을 자정할 아무런 능력이 없는 자본주의가 인류가 선택할 수 있는 최선의 체제라면 인류는 이쯤 해서 지구를 (자연의 자정능력을 가진) 동물들에게 돌려주는 게 낫다. 자본주의는 그 자체로 인간의 존엄과 지성에 대한 모욕이며, 오늘 인류가 미래를 희망하는 일이란 바로 자본주의라는 괴물을 어떻게 극복하는가의 문제다.[19]

19   김규항, 「혁명은 안단테로」, 『B급 좌파』, 야간비행, 2001.

경제 본연의 목적은 인간 삶을 보다 풍요롭게 하기 위한 것이다. 그런데 돈을 우선시하는 자본주의는 경쟁을 절대 원리로 삼으면서 많은 사회적 가치들을 해체시켜 버렸다. 따라서 행복과 정의가 중시되는 현대 사회에서 자본주의는 지적받고 비판받아 마땅하다. 결국 세계 도처에서 '반자본주의 운동'이 점차 확산되어 가고 있는 현실이다. 그들의 주장은 다음 문장에 잘 드러나 있다.

> 자본주의는 인류의 생산력을 거대하게 확대했지만 전체적으로 거기에서 생겨나는 기회의 불평등한 분배라는 대가와 생물학적 · 사회적 다양성의 파괴라는 대가를 치렀다. … 반자본주의 운동의 주요한 타격 대상 중 하나는 다국적기업, 금융시장, 국제금융기구, 그리고 주요 자본주의 국가들이 단결해서 행동한 결과로 형성된 사실상의 경제적 독재였다.[20]

요즘 자본주의를 대체하기 위한 시도가 여러 형태로 나타나고 있다. 예를 들면 지역화폐, 사회적 주식시장, 쿠폰공동체 등을 들 수 있다.[21] 아직 큰 호응을 얻고 있지는 못하지만, 자본주의에 대한 경각심을

---

20 알렉스 캘리니코스, 『반자본주의 선언』, 정선진 외 역, 책갈피, 2003, 150쪽.

일깨워 주는 데에는 일정 정도 공헌하고 있다. 이런 시도가 밀알이 되어 언젠가 자본주의를 극복할 새로운 '이타적 경제체제'[22]가 마련될 것임을 믿어 의심치 않는다.

　　이제 자본주의의 문제점이 극렬하게 드러나고 있는 우리나라의 현 상황을 중심으로 그 문제점들을 구체적으로 살펴보기로 한다.

　　인간은 누구나 행복을 원하고, 국가는 국민의 행복을 신장할 의무를 갖는다. 그런데 2016년 기준 우리나라 1인당 국민소득GDP은 2만 7561달러로 선진국 문턱에 와 있으며, 1980년(5528달러)과 비교하여 약 5배가 증가하는 놀라운 속도를 자랑하고 있지만, 이와 같은 부의 증가에도 불구하고 국민 대다수는 전혀 행복하지 않은 것 같다. 아니 오히려 이전보다도 삶이 팍팍해졌다고 느낀다.

　　2016년 1월 18일 자 한국일보 행복도 조사에 의하면, 우리나라 국민의 행복도는 10점 만점에 6점 정도이며 50대 이상에서는 6점 이

21　'사회적 주식시장(Social Stock market)'이란 그라민 은행의 유누스 총재가 제창한 것으로, 환경친화적이거나 사회적인 기업의 주식을 상장하여 그 뜻에 동참하는 사람들이 투자할 수 있는 공간을 만들어 주자는 것이다. '쿠폰공동체'는 존 로머(John Roemer)가 시도한 것으로, 공동체 내에서 돈 없이 쿠폰만 갖고 생활하는 방식을 말한다.

22　'이타적 경제체제'라는 말은, 나보다 남을 위한다는 의미가 아니라, '나의 이익은 물론 경제적 거래의 대상에게도 이익을 주고자 마음 쓰는 경제체제'의 의미로 사용하였다.

하를 나타내고 있다. 더구나 2014년 발표된 한 보고서에 따르면 행복한 노후를 보낼 것이라는 우리나라 국민의 '자신감 지수'는 100점 만점에 20점으로 조사 대상국 중 최하위를 기록했다. 이러한 결과에서 보이듯 국민들의 삶의 질은 현격히 떨어져 이혼율과 자살률은 세계 1위이며,[23] 공동체 유대감이 붕괴되어 국민의 57%가 여가를 혼자 보내는 것으로 나타났다. 더욱이 10-20대는 그 수치가 70%를 넘어선다니 참으로 큰 문제가 아닐 수 없다. 게다가 대기업과 부자들의 '갑질'이 연일 신문 지상의 단골 메뉴로 올라오며, 헬조선, 금수저·흙수저, 달관(체념)세대, 삼포세대(연애, 결혼, 출산을 포기한 세대), 계층 상승의 불가능성(장벽의 견고함, 부의 대물림) 등의 단어가 뉴스를 도배하고 있다. 계층 간, 연령 간 균열로 인한 공동체 붕괴가 목전에 다가왔다는 느낌을 지울 수 없다.

통상 '부富'는 행복의 중요한 요소로 여겨진다. 아니 자본주의 사회에서의 그것은 행복의 절대적 바로미터로 간주된다. 그런데 경제 성장은 해마다 계속되고 1인당 국민소득은 꾸준히 증가하고 있음에도 불

---

23 비정규직 근로자 비율, 저임금 근로자 비율, 계층 간 근로소득의 격차 등에서 우리나라는 OECD 국가 중 1위이며, 그 외에도 교통사고 사망률 1위, 저출산율 1위, 노령화 1위, 사교육비 1위(연간 40조), 어린이 행복지수는 뒤에서 1위, 청소년 수면시간도 뒤에서 1위 등 많은 부문에서 1위의 오명을 쓰고 있다.

구하고 왜 우리들의 삶의 질은 급격히 저하되고 있는 것일까. 왜 숨 막히도록 막막한 현실이 벽처럼 우리 앞을 가로막고 있는 것일까. 위에서 언급한 경제 성장의 수치 이면을 살펴보면 그 이유가 드러난다.

2012년 국세청과 통계청의 자료에 의하면, 우리나라 소득 상위 1%는 전체 국민소득의 16.6%를 차지해 OECD 국가 중 17.7%를 차지한 미국에 이어 2위를 기록하고 있다. 우리나라 4대 기업의 매출액은 국민 총생산량의 53%를 차지하며, 2008년부터 2012년까지 우리나라 2대 기업이 내는 법인세는 전체 법인세의 21%에 달하고 있다. 이런 경향(극단적 양극화 현상)은 정도의 차는 있지만 우리나라에 국한된 것이 아니라 세계적인 현상이다. 선진 8개국의 재산집중도는 최근 40년간 두 배로 증가했으며, 미국의 경우 재산 상위 1%가 미국 전체 부의 1/3을 소유하고 있는 것이 작금의 현실이다. 이와 함께 국가 간 부의 불평등도 심화되어, 1700년경 가장 부유한 나라였던 네덜란드의 1인당 국민소득은 최빈국의 그것에 비해 다섯 배밖에 되지 않았으나, 1998년에는 가장 부유한 서방 국가들의 1인당 국민소득이 아프리카 빈국들에 비해 약 40배 이상이나 높다고 한다. 개인 간, 국가 간의 부의 불평등(재산집중도)이 엄청난 속도로 진행되면서 전방위적으로 부의 계층화가 심화되고 있는 것이다.

OECD 2014년 통계연보의 자료에 따르면 멕시코의 빈곤격차

Poverty Gap 비율은 41%로, 스페인의 42%에 이어 2위를 차지하고 있는데, 바로 그 뒤를 잇는 나라는 놀랍게도 한국이다. 한국의 빈곤격차 비율은 39%로 OECD 회원국 중 3위이며, 멕시코와 어깨를 나란히 하고 있는 것이다. 더구나 그 소득격차는 빠른 속도로 벌어지고 있는 상태이다. 2017년도 통계청 '가계동향조사'의 소득구분별 실질소득 증감률에 따르면, 중산층은 4-5분기 연속 실질소득이 감소하였고, 특히 저소득층은 7분기째 감소 중이다. 이에 반해 고소득층은 2016년도 1분기를 제외하고는 실질소득이 계속 증가세에 있다(상위 20%는 2017년 3분기 2.34% 증가, 상위 10%는 3.53% 증가). 여기서 "국민 대다수가 가난한 나라를 부국이라고 할 수 없다"는 애덤 스미스의 말을 되새기고 싶다.

이러한 현상을 통해, 1인당 국민소득의 증가는 실은 극소수 상층부의 소득 증가에 지나지 않았고, 국민 전체의 소득이 과거에 비해 평균적으로 상승했다고는 해도 부의 불평등이 심화되면서 상대적 빈곤감은 훨씬 더 커졌음을 알 수 있다. 아무리 부가 늘어도 소득 불평등이 심해지면 상대적 빈곤감도 증가하여 경제적 만족을 주지 못한다. 결국 부의 성장만을 우선시하는 사회는 행복에로 나아가지 못한다는 것을 말해주고 있는 것이다.

그런데도 세계 대부분의 국가들은 여전히 성장 위주의 정책에 매달린다. 전체 파이를 늘리면 자연히 서민들에게 배분되는 파이 양도 중

가한다는 것이 그 이유이다. 이른바 적하滿下, trickle-down 효과[24]가 있다는 것이다. 그러나 그들의 주장과는 반대로 오히려 경제적 불평등은 더욱 심화되어 심각한 양극화 현상이 세계 도처에서 나타나고 있다. 그럼에도 불구하고 기득권층을 대변하는 정치권력은 여전히 '성장 위주'의 경제정책을 밀어붙이고, 세계 이곳저곳에서 빈곤에 허덕이는 신음소리는 커져만 간다. 토마 피케티Thomas Piketty와 이매뉴얼 사에즈Emmanuel Saez는 다음과 같이 말하고 있다. "현재의 최상위 임금 소득자는 이전 시기보다 훨씬 더 큰 부를 축적할 수 있을 것이다. 소득과 재산에 대한 누진과세가 이 새로운 현상을 상쇄하지 않는다면, 부와 자본소득의 불평등은 다음 몇십 년 동안 급격히 증대할 것임이 틀림없다."[25] 그리고 그 결과는 우리들에게 극심한 불행을 안겨 줄 것이다.

실험에 의하면 교육, 위계욕구설, 소득 등이 더 높은 집단과 이러한 요소들은 더 낮아도 소득불평등이 적은 두 집단을 비교한 결과 후자 집단의 행복도가 더 높은 것으로 측정되었다. 사실 이른바 '선진국'이라 불리는 국가들은 행복지수에서는 의외로 낮은 등급에 속한다. 오히려 국민소득이 낮은 코스타리카(GNP가 한국의 절반에도 미치지 못하는 1만 840달

---

24 적하효과란, 국가 전체의 경제 성장이 이루어지면 경제적 지배층만이 아니라 그 성장의 결과가 밑으로 흘러 빈곤층의 경제에도 도움이 된다는 것을 말한다.

25 윌리엄 번스타인, 『부의 탄생』, 김현구 역, 시아출판사, 2005, 475쪽.

러)가 행복지수 상위권에 위치하며, 국가총행복GNH이라는 개념을 도입하여 정치 · 경제개혁을 단행한 부탄은 1인당 국민소득 2510달러(2017년 7월 세계은행 발표)로 세계에서도 가장 가난한 나라에 속하지만(155위) 유럽 신경제재단에서 조사한 행복지수에서는 세계 1위라는 위엄을 보이고 있다(국민 97%가 스스로 행복하다고 여김). UN은 매년 '세계행복보고서'를 내고 있으며, OECD 역시 2011년부터 주거, 건강, 일과 삶의 균형, 치안 등 11개 항목을 조사하여 행복지수Better Life Index를 발표하고 있다. 그에 따르면, 2017년 2월 발표한 행복지수에서 한국은 32개국 중 31위라는 초라한 성적표를 받았다. 이처럼 부자(또는 부국)보다 오히려 가난한 사람(또는 빈국)이 더 행복한 이유에 대해 케인스는, '충분함'이 충분함이 되지 못하기 때문으로 규정하고, 그 이유를 부의 축적이 행복한 삶의 수단이 되어야 함에도 불구하고 그 자체가 목적이 되어 버리기 때문이라고 말한다.

자본주의 사회는 '부'가 도덕이나 정의正義를 배제하고 스스로 '자기증식' 원리에 의해 작동되어 부 그 자체가 목적이 되어 버리는 전형적인 사회이다. 위에서 언급한 불행한 상황은 바로 이에 연유하는 것이다. 본래 재물로서의 '부'는 행복을 연동하지 않는다. 소비가 많을수록 더 가난해지고, 더 많은 물건을 사지만 기쁨은 오히려 줄어든다. 소유물이 많아야 행복하다는 것은 자본주의가 만들어 낸 허상이고 기만이다.

소유에서 오는 만족감은 결코 오래가지 못한다. 강요된 자본주의적 욕망은 '탐욕'을 낳을 뿐이다.

그럼에도 불구하고 거의 모든 국가는 경제 성장을 '보도의 전가'처럼 여기고 있으며, 대다수 사람들은 여전히 '부'를 꿈꾸고, 동시에 실현되지 않는 그 꿈에 대한 좌절을 문신처럼 달고 살아간다. 늘 불행이 우리 주위를 서성이는 까닭이다. 상황이 이렇다면, 이제까지의 일반적이고 통상적인 의식을 넘어 '부'에 대한 새로운 인식과 접근이 절대적으로 필요한 것이 아닐까. 다시 말해 지금은 '부'의 구조와 그 이면을 냉철히 분석함으로써 그것을 '행복'한 삶에 기여하는 방향으로 유도해야 할 중요한 시기라고 생각된다. 존 러스킨John Ruskin의 말처럼, 철저하게 손익과 형평성 그리고 효율성만을 따지는 경제학이 아니라, 사랑과 온정으로 '생명의 부를 이루고자 하는 생명의 경제학'으로의 전환이 요구되는 것이다.

경제생활의 이상은 우애다. 나는 감히 우애야말로 근대 경제에 내재하는 공준公準이라 믿는다. 생산과 수요의 자유경쟁만 보장하면 '만인의 만인에 대한 전쟁'이 초래된다. 경제적 약자는 늘 손해를 보기 마련이다. 그러나 경제생활은 그런 것이 아니다. 본질적으로 사회적 연대여야 한다.

『모모』의 작가 미하엘 엔데Michael Ende의 말을 곱씹어야 할 때가 아닌가 생각된다.[26]

26 　백승종, 『생태주의 역사강의』, 한티재, 2017, 198쪽에서 재인용.

'부'에 관한 동양 전통철학의 관점

03

일반적으로 생각하는 것과 달리 근대 이전까지만 해도 동양은 여러 면에서 서양보다 훨씬 앞선 사회였다. 서양문화의 근원이라 일컬어지는 그리스-로마는 물론 유럽의 중세까지도 페르시아-이집트-아라비아-튀르크로 이어지는 동방은 서구를 압도했고, 서양인들은 '빛이 시작되는' 동방을 감탄과 존경의 눈으로 대했다.

당연히 동양에서는 서구 사회보다 훨씬 이른 시기에 조직화된 국가가 등장하였으며, 그 국가를 어떻게 통치해 갈 것인가가 중요한 문제였다. 따라서 대부분의 동양 전통사상가들은 정치(통치행위)에 지대한 관심을 갖고 있었다. 특히 백가쟁명의 춘추전국 시대를 살았던 제자백가들에게 급선무는 어떻게 사회를 안정시키느냐였다. 이에 반해 중앙집 권화된 국가가 뒤늦게 수립된 서구에서는 국가 전체를 기획한다는 발상은 동양 사회보다 뒤늦게 생겨난다. 예를 들면, '이코노미'의 어원은 '오이코노미쿠스Oeconomicus'인데, 이것은 본래 당시 생산과 소비의 주체인 '집(家)을 다스린다'는 뜻이었고 그 의미는 오랜 세월 계속된다. 이에 반해, 중국의 경우 물론 '수신제가修身齊家'가 있긴 하지만 그것의 확장으로 치국과 평천하를 언급한다. '집안을 다스림'은 '천하와 국가'를 다스리는 기본 원리이자 토대이지만, 역시 최종 목표는 천하를 다스리는 데 있었던 것이다. 동양에서는 이러한 생각이 서양보다 훨씬 앞선 고대부터 이미 만개하고 있었다.

그런데 중국의 중앙집권적 국가체제는 별다른 변화를 겪지 않고 청말까지 계속되면서 '개인'의 권리에 대한 인식은 서구보다 오히려 뒤늦게 형성된다. 서구는 중앙집권화에 오랜 기간이 필요했고 국가체계도 오랜 기간 정비되지 않았지만, 대신 오랜 상업 전통의 토대 위에서 비교적 이른 시기에 상업도시가 발달하고 도시의 상공인들은 국왕과의 협약을 거쳐 도시 운영의 권리를 상당 부분 인정받았다. 이에 따라 상인을 비롯한 시민들의 권리가 급격히 신장되고, 개인적 권리 또는 개인 재산의 소유권에 대한 관심이 일찍 싹텄다. 이에 반해 사회의 특성상 동양 전통사회는 '국부'에는 지대한 관심이 있었지만 개인의 부에 대한 관심은 희박했고, 따라서 '부' 자체에 대한 논의도 미비했다.

공자가 위대한 점은 정치에 주목하면서도 개인의 '부'에 대한 관점 역시 비교적 자세히 언급하고 있다는 점이다. 이것은 인간 개개인의 존재성과 그들 각 개인의 삶에 관해서도 많은 관심을 두었다는 방증이고, 인간을 전체적이고 종합적으로 규명하려고 했음을 의미하는 것이다. 장자 역시 '부'에 대한 철저한 사색을 거쳐 보다 정교한 부분까지 언급하기에 이른다. 이에 이들을 중심으로 동양 전통사상의 '부'에 관한 입장을 살펴보기로 한다.

1. 유가

다음 문장에는 부에 관한 공자의 관점이 잘 드러나 있다.

> 거친 밥을 먹고 물을 마시며 팔을 굽혀 베개 삼고 지내면서도 즐거움은 그 가운데 있다. 의롭지 않으면서도 부귀해지는 것은 내게는 뜬구름과 같다. (『논어』술이)

거친 밥이란, 흰쌀로 새로 지은 윤기 흐르는 밥이 아니라, 입에 넣고 씹기 힘든 거친 곡물을 섞어 지은 밥, 그것도 지은 지 오래되어 차갑게 식은 밥을 가리킨다. 이런 밥에 다른 찬 없이 물만 덩그러니 있는 식단, 그것이 무엇을 의미하는지 어렵지 않게 알 수 있다. 더구나 베개 하나 없어(가재도구가 전혀 없다는 의미) 팔베개를 하고 지내는 삶이라니! 궁핍함의 극치가 아니겠는가. 그럼에도 불구하고 공자는 의롭지 못한 부를 추구하느니, 가난하게 사는 삶을 택하겠다고 힘주어 말한다. 아니 오히려 그 가난 속에서 즐거움을 누리겠다고 단언한다. 물론 이 말은 일부러 가난 그 자체를 즐긴다는 것은 아니다. 다만 부귀가 자신의 삶이나 인생의 가치를 좌우하지 않는다는 말이다. 이것이 유명한 이른바 '안빈낙도安貧樂道(가난한 생활 속에서도 편안히 도를 즐김)'이다.

공자가 가장 사랑했던 애제자로 안회顏回라는 자가 있다. 3개월 동안이나 인仁을 지켰다고 극찬을 받았지만 불행히도 32세의 젊은 나이로 요절했는데, 그가 죽었을 때 공자는 슬피 울면서 "하늘이 나를 망하게 했다"(『논어』선진)고 대성통곡할 정도였다. 그 안회를 향해 공자는 다음과 같이 말하고 있다. "현명하도다, 회여! 한 그릇의 밥과 한 쪽박의 물을 마시며 누추한 거리에 산다면 사람들은 그 괴로움을 감당치 못할 터인데 회는 그 즐거움이 변하지 않는다. 현명하도다, 회여!"(『논어』옹야). 여기서 말하는 '회'가 바로 안회인데, 찬도 없이 소쿠리에 담은 밥 한 그릇과 표주박의 물만을 마시면서, 그것도 지저분하고 더러운 달동네 골목길에 살면서도 도를 즐기는 마음에 전혀 변화가 없음을 높이 평가하고 있는 말이다. "가난한데도 원망하지 않는 것은 부자가 교만하지 않은 것보다 훨씬 어려운 일"(『논어』 헌문)이라고 여겼던 공자에게 안회의 태도가 자못 대견했음은 어렵지 않게 알 수 있다.

여기서 핵심은 '락樂(즐기다)'이라는 말에 있다. "아는 것은 좋아하는 것보다 못하며, 좋아하는 것은 즐기는 것만 못하다"(『논어』 옹야)는 공자의 말이 있듯이, 공자에게 '즐김'은 최고의 경지이다. 그것은 진정으로 대상과 하나가 되었을 때 느끼는 벅찬 감정이다. "산이 거기에 있어 오른다"는 유명한 말이 있다. 에베레스트를 왜 가려 하느냐고 묻는 기자에게 조지 말로리George Mallory가 한 말인데, 이 말이 왜 그렇게 인구에 회자되는 것일까? 가장 높은 산을 오르는 감동과 희열 또는 정복의 쾌감이 아니라, 그저 산이 좋고 오르는 것이 즐거워 오른다는, 실로 산과 하나 된 산악인만이 할 수 있는 말이므로 오래도록 잊히지 않고 기억되는 것이다. 그는 진정 산을 즐기는 사람이었던 것이다. 이것이 바로 공자와 안회의 '즐김'이다. 안회는 무엇을 먹고 마시든, 어디에 살든 전혀 개의치 않음은 물론이거니와, 그런 속에서도 학문과 도를 즐거움으로 삼고 있으니 공자가 그를 어찌 칭찬하지 않을 수 있었겠는가. 이 안회의 경지를 보통 '안빈낙도'라고 한다. 무집착, 무욕, 지족知足의 경지이다. 이런 경지에 다다른 사람은 어디에 있든지 그가 있는 그곳이 바로 낙원이다. 재산이나 명예는 뺏어 갈 수 있을지라도 도와 함께하는 마음이야 누구도 뺏어 갈 수 없을 테니까.

그렇다고 공자가 무조건 부를 부정한 것은 아니다. 그는 "군자가 재물을 취함에는 도리가 있다"고 하였으니, 그 도리란 바로 '의義'를 말하는 것이며 따라서 의를 행한 결과로 주어지는 부는 인정하고 있음을 알수 있다. 이처럼 인의仁義와 '부'를 연계시켜 보는 것이 바로 유교의 특징이라고 하겠다. 그런데 공자의 이 말에는 몇 가지 생각해 볼 점이 있으니, 먼저 그것에 대하여 간단히 설명한 후 다시 논의를 진전시켜 가기로한다.

하나는, 의로운 결과로서의 부귀만 받아들인다는 공자의 말에 '의롭다면 반드시 부자가 되어야 한다'는 의미는 들어 있지 않다는 점이다. 다시 말해, 공자는 의義와 부富의 가치를 구별하고 양자의 상관관계를 인정하지 않는 것이다. 물론 의로운 행위 속에서 그 결과로 이루어진 부라면 마다하지 않고 기쁘게 받아들이겠지만, 공자는 의로운 행위가 부와 연동되는 것은 아니라고 보았다. 우리는 통상 정직하고 바르게 살면 부도 함께해야 한다고 생각한다. 그리고 그렇지 못한 현실을 마주하고는 때로 깊은 회한 속에서 자문하곤 한다. 왜 정직하고 올바르게 사는 자가 부유하기는커녕 오히려 가난에 허덕이는 것일까? 신은 도대체 누구 편인가? 신이 정의에 눈감고 있다면, 정직하고 올바르게 사는 것이

아니라 이익만을 좇으며 불의하게 사는 것이 오히려 바람직하지 않을
까? 이런 사회에서 과연 내 자식들에게 정의롭게 살라고 말할 수는 있
을 것인가? 절실히 다가오는 문제가 아닐 수 없다.

여기서 잠시 정의와 부의 관계에 대한 아리스토파네스의 견해를
생각해 보기로 한다.[01]

신과 인간의 아버지라 불리는 그리스 최고의 신 제우스Zeus는 '부
의 신'이 아니라 '정의의 신'이다. 세상을 부리는 건 돈이고 최고의 권력
은 돈인데 왜 신 중의 신인 제우스는 돈이 아니라 정의를 택했을까? 알
다시피 그리스 신은 야훼(여호와)처럼 전지전능한 신이 아니다. 제우스
역시 많은 결점을 갖고 있다. 다만 제우스는 자기만의 특화된 능력으로
다른 신들보다 상대적으로 우월할 뿐이다. 궁금한 것은, 인간은 물론이

---

01 크레뮐로스는 (자신을 포함하여) 정직한 사람들은 늘 가난한데 나쁜 사람들은 부자인 것
에 분개하여 하인 카리온을 데리고 델포이의 신탁소를 찾아간다. 자신의 외아들이 인생에
서 성공하려면 착한 사람이 되도록 가르쳐야 하는지, 아니면 나쁜 사람이 되도록 가르쳐
야 하는지 묻기 위해서다. 아폴론 신은 그에게 신전을 나서다가 맨 먼저 만나는 사람을 그
의 집으로 모시라고 일러 준다. 그런데 맨 먼저 만난 사람은 장님이었다. 크레뮐로스와 카
리온이 집에 가자고 성가시게 졸라 대자 장님이 말하기를, 자기는 부의 신인데 제우스가
인간에 대한 악의에서 착한 사람들과 나쁜 사람들을 구별하지 못하고 무차별적으로 부를
나눠 주도록 자기를 장님으로 만들었다고 알려 준다. 크레뮐로스는 부의 신이 앞으로는
정직한 사람들하고만 함께하도록 그의 시력을 찾아 주기로 결심한다. 그러나 그들 앞에
가난의 여신이 나타나 만일 그의 말대로, 정직한 자라면 누구나 부자가 되어 노력하지 않
는다면 세상은 오히려 살기가 훨씬 더 나빠질 것이라며 크레뮐로스를 만류한다(「부의 신」,
『아리스토파네스 희극 전집 2』, 천병희 역, 숲, 2002, '작품 소개'에서 발췌).

고 하물며 신들에게까지도 재물이 최고의 권력임을 모를 리 없는 제우스가 왜 부가 아니라 정의를 선택했을까 하는 점이다.

『부의 신』에서 아리스토파네스는 크레뮐로스의 입을 빌려 돈의 위력에 대해 다음과 같이 말하고 있다.

> 인생에 찬란하고 아름답고 우아한 것이 있다면, 제우스께 맹세코, 그건 다 당신(부의 신) 때문이오. 어디서나 돈이 판치는 세상이니까 말이오.

> 그야 물론이죠. 어디 그뿐인 줄 아시오. 일찍이 당신(부의 신)에게 물린 사람은 아무도 없어요. 사람들은 다른 것에는 다 물리게 마련이오. 하지만 당신에게 물린 사람은 아무도 없었소.

그러나 돈이 아무리 위력을 갖고 있다 하더라도 그것이 최고의 가치가 될 수 없는 이유는, 그래서 최고 통치자에게 어울리지 않는 속성인 이유는, 돈에는 늘 탐욕과 그로 인한 파멸이 도사리고 있기 때문이다. 세계의 질서를 세우고 그것을 통치하는 최고 권력자가 가져야 할 진정한 가치는 그와 같은 돈이 아니라 정의여야 한다는 것을 현명한 제우스는 알고 있었다. 다만 그 역시 현실적으로 돈이 정의를 넘어서는 힘을 갖고 있음을 알고 있었고, 때문에 어떻게든 그것을 제어해야 했다. 그래서 제우스는 정의로운 자들에게만 부를 주겠다던 '부의 신' 플루토스Plutos의 눈을 멀게 했다. 그럼으로써 이제 '돈이 가는 길'이 정해지지 않았고, 이에 돈은 반드시 정의로운 삶과 함께하는 것이 아니라 오히려 불의와 함께하는 경우도 있게 되었다. 아니 실제로는 불의와 더 가깝게 지냈다. 그런데 자신을 눈멀게 한 이유를 '부의 신' 플루토스는, 인간에 대한 제우스의 악의, 좀 더 정확히 말하자면 착한 사람들에 대한 악의 때문이라고 한다.

> 제우스께서 (나를) 이렇게 (장님으로) 만드셨어, 인간에 대한 악의에
> 서. 소년시절 나는 정직하고 현명하고 점잖은 사람들의 집만 방
> 문하기로 서약한 적이 있지. 그러자 제우스께서 나를 장님으로
> 만드신 거야. 내가 그런 사람들을 아무도 알아보지 못하게 말이
> 야. 그만큼 그분께서는 착한 사람들에게 악의를 품고 계셔.

왜 천하의 제우스가, 그것도 정의의 신인 그가 선한 사람들에게 악의를 품게 되었고 그래서 그들에게 돈이 함께하지 못하도록 했던 것일까? 이에 대한 궁금증은 부의 신 플루토스 스스로 풀어 주고 있다. 위 인용문에 이어 다음과 같이 말하고 있는 것이다. "그들(선한 사람들)이 실

제로 나를 붙잡아 부자가 되면 그들의 사악함은 끝도 없어." 부자가 되면 선한 사람들마저 사악하기 이를 데 없는 악한으로 변하기 때문에 선한 삶과 돈의 관계를 끊어 버렸다는 것이다. 부에 얽힌 인간의 실상을 정확히 꿰뚫고 있어 공감이 간다. 그러나 부의 신을 눈멀게 한 데에는 제우스의 또 다른 고민과 전략이 있었다. '정의'라는 숭고한 가치가 단순히 돈을 얻기 위한 수단으로 행해져서는 안 된다는 것, 바로 그것이었다.

여기서 저명한 이탈리아 선교사로 중국 선교에 일생을 바쳤던 마테오 리치의 『천주실의』를 들춰 보자. 우리는 가끔 이런 질문을 던지곤 한다. 신이 전지전능하다면 왜 우리를 악을 행하는 존재로 만들어 놓고는 그 무시무시한 지옥에 보내는 것일까? 전지전능한 능력으로 우리 피조물을 선한 행위만 할 수 있도록 만들었으면 이런 일이 없지 않겠는가? 신이 우리를 진정 사랑하시기는 한 걸까? 이에 대해 마테오 리치는 다음과 같이 답한다. 이 세상의 어떤 보물보다도 값진 천당은 선한 이들에 대한 보상이다. 그러나 그 '보상'은 선만 행할 수 있도록 만들어진 피조물에게는 선사할 수 없다. 그들, 선만 행하도록 만들어진 존재의 선한 행위는 그들 자신의 공로가 될 수 없기 때문이다. 그들의 공로가 아니므로 보상 또한 있을 수 없다. 그러나 인간을 정말로 사랑하시는 신은 그들에게 천당이라는 영원한 보석을 선물해 주고 싶었다. 그러기 위해 결국 신은 우리에게 '자유의지'를 만들어 주셨다. 이제 인간의 모든 행위는 그 자신의 자유의지로 말미암는 것이며, 따라서 선도 악도 스스로의 공이고 책임이 되었으며, 그에 대한 보상으로 천당(물론 지옥도)을 선사할 수 있게 된 것이다. 따라서 인간을 선만 행하는 존재로 만들지 않은 것은 신의 무능함이 아니라 실은 신의 '사랑'이었던 것이다.[02]

　　이와 마찬가지로 제우스도 정의의 가치가 정의의 가치 그대로 빛을 발할 수 있도록 하기 위해서는 돈(부의 신)을 눈먼 장님으로 만들어야 했다. 그렇지 않으면 정의 자체를 위해서 정의를 행하는 것이 아니라 부유해지기 위해 정의를 행하게 될 것이고 ―돈이 생긴다면 불구덩이라도 들어간다고 하는데, 정의를 행하고 부자가 된다면 어느 누가 정의를 행하지 않겠는가― 그렇게 되면 비록 정의를 행할지라도 그것은 전혀 정의로운 것이 아니며 따라서 정의에 어떤 보상도 할 수 없게 될 것이다. '정의를 지키기 위해서!' 이것이 제우스가 플루토스의 눈을 멀게 한 진짜 이유였던 것이다. 플루토스가 어려서의 맹서처럼 정의로운 자를 찾아다니며 그들에게 부를 나누어 줄 것을 염려했던 것이다. 그런데 바로 이 지점에서 제우스의 지혜가 번득이는데, 그는 플루토스의 눈을 가끔씩은 뜨이게 하였다. 그가 눈을 뜨는 시기가 오면 세상의 부는 재편의 소용돌이를 일으킨다. '정의로운 자에게는 부를, 부정의한 자에게는 가

02　『천주실의』「제6, 7편」참조.

난을!' 그래서 인간들은 이제 정의를 그것이 정의라는 이유만으로 행하면서, 한편으로는 언젠가 그에 합당한 부도 성취되리라는 희망 속에서 정의에 매진할 수 있게 되었다. 우리는 플루토스가 눈을 뜰 그 언젠가를 고대하며, 정의롭지만 가난한 삶을 인내할 수 있게 된 것이다.

사실 정직하고 올바른 삶과 부가 함께하여야 한다는 통상의 생각은 어찌 보면 그저 우리들의 바람일 뿐 비논리적이다. 엄격히 말해 부와 정의는 다른 가치다. 정의로운 자가 부자가 되어야 할 논리적 필연성은 없는 것이다. 정의는 오로지 그것이 '정의롭다'는 이유로 행해져야만 한다. 단, 정의롭게 산다고 부자가 되는 것은 아니지만, 정의로운 사람은 그렇지 못한 사람보다 행복하다. 정의가 가져다주는 것은 부가 아니라 행복인 것이다. 이것은 역으로 부가 곧 행복을 의미하는 것이 아님을 말해 준다. 만일 부가 곧 행복이라면, 정의를 행하면 부를 얻게 될 것이다. 그런데 부를 떠받들고 부가 행복이라고 믿는 우리들은 정의와 부가 일치되어야 한다는 우를 범하고 있다.

『논어』에도 '부귀재천富貴在天'이라는 말이 여러 번 나온다. 부가 하늘에 달려 있다는 말이다. 일본의 이토 진사이伊藤仁齊(1627-1705)도 "길흉화복과 빈부수요는 모두 천이 명하는 것으로, 인력이 미칠 수 있는 것이 아니다. 따라서 그것을 '명命'이라고 한다"라고 말하고 있으니 '부귀재천'은 동양의 공통된 생각임을 알 수 있다. 하늘에 달려 있다는 것은 부가 인간의 의지와 무관하게 주어지는 부분이라는 것이다. 이것은 공자, 아니 동양 전통사상가들 역시 양자가 연결되면 정의가 그 의의를 잃어버린다는 통찰과 아울러 부가 행복을 가져다주는 것이 아니라는 믿음도 가졌음을 알려 주는 것이다. 그래서 공자는 다음과 같이 말하고 있다. "부가 만약 추구할 만한 것이라면, 비록 채찍을 드는 천직이라도 나는 그걸 위해 하겠다. 만약 추구할 게 못 되는 것이라면, 내가 좋아하는 길을 따르겠다"(『논어』술이).[03]

또 하나 주목할 점은, 매슬로Maslow의 위계욕구설과 관련된 것이다. 매슬로에 의하면 인간의 욕구는 5단계로 나뉜다. 1단계가 생리적 욕구(의식주, 성욕 등), 2단계는 안전에 대한 욕구(위협, 위험, 박탈로부터 보호하고 불안으로부터 회피하려는 욕구), 3단계는 사회적 욕구(애정과 소속에 대한 욕구), 4단계는 자기 존중의 욕구(타인에게 인정받고 존경받으려는 욕구, 권위와 권력으로 타인을 지배하고 싶은 욕구 등), 마지막 5단계는 자아실현의 욕구이다. 인간 내부에 잠재하고 있는 욕구는 이처럼 5단계의 계층을 이루고 있으며, 기본적 하위 욕구가 채워져야 점차 상위 단계의 욕구로 진전하게 된다고 한다. 만일 하위의 욕구가 채워지지 않으면 그 상위 단계의 욕구는

03 이에 대한 양시의 주는 다음과 같다. "군자가 부귀를 싫어하여 구하지 않는 것이 아니라, 하늘에 달려 있어서 구할 방도가 없기 때문이다."

생겨나지조차 않는다. 따라서 의식주(생리적 욕구)에 관한 하위 욕구가 채워져야 비로소 상위 단계인 자아실현의 욕구가 생겨날 수 있다. 그런데 만일 위에서 인용한 공자의 말이 의식주에 관한 욕구가 채워지지 않았음에도 자아실현의 욕구로 나아가는 자가 있음을 말하고 있는 것이라면, 매슬로의 위계욕구설과 모순으로 보일 수 있다. 물론 그럴 수 있다. 그러나 달리 볼 수도 있지 않을까? 즉 '의식주에 관한 욕구 충족'은 사람들마다 다를 수 있다. 예를 들어, 어떤 사람은 적어도 9첩 반상 이상이 되어야 만족하지만, 어떤 사람은 1식 1찬에도 만족할 수 있다. 더구나 의식주에 관한 탐욕을 지워 버린 자에게는 '거친 밥, 물 한 대접'으로도 기본 욕구가 충족되어 다음 단계의 욕구로 넘어갈 수 있다. 공자가 그러했으며, 안회가 그러했다. 결국 그것은 내 마음이 '의식주에 관한 욕구'를 어떻게 조절하느냐에 달려 있는 것이다. 다시 말해 욕구의 충족은 의지나 마음공부에 의해서 그 정도가 변할 수 있다는 것이다. 적어도 강한 '수양(마음공부)'의 전통을 갖고 있는 동양에서 이 부분은 매우 중요한데, 매슬로는 여기에 그다지 신경 쓰지 않았던 듯하다.

부에 관한 공자의 말을 좀 더 알아보기로 하자.

자공이 여쭈었다. "가난해도 아첨하지 않고 부유해도 교만하지 않는다면 어떻겠습니까?" 공자께서 말씀하셨다. "괜찮기는 하나, 가난하면서도 올바른 도를 즐기고 부유하면서도 예를 좋아하는 것만은 못하다." (『논어』학이)

여기서도 계속해서 가난함에 휘둘리지 않고 도를 즐기는 군자의 모습을 그리고 있다. 물론 '가난하면서도 아첨하지 않고 부유하면서도 교만하지 않은 것'은 매우 어려운 것이다. 그렇지만 그것은 소극적인 것으로 어떤 한 행위에 그치는 것이지 전인격적으로 통합된 행위는 아니다. 다시 말해, 가난하면서 아첨하지는 않지만, 그 가난을 부끄러워하고 괴로워할 수는 있다. 따라서 공자는 '아첨하지 않는 것에만 그치는 경계'를 인정하지 않은 것이다. 이에 반해 '가난하면서도 도를 즐김'은 분명 그와는 다른 차원의 행위이다. 그것은 적극적인 것으로 모든 행위가 통합되어 인격적으로 도를 즐긴다는 것이고, 따라서 가난하면서도 아첨하지 않을 뿐 아니라 분해하지도 부끄러워하지도 않는 것이다. 가난이 도를 실천하려는 그에게 어떤 영향도 끼치지 못한다. 다시 말해 가난이란 것이 하등의 구속도 되지 않는 그런 경지인 것이다. '가난하면서도 도를 즐김'에 대해 공자와 그의 후학들이 왜 그렇게 높게 평가하고 있는지 알 수 있다. 모름지기 "군자는 도를 추구하지 먹을 것을 추구하지 않으며, … 도를 걱정하지 가난을 걱정하지 않는"(『논어』위령공) 것이다.

이쯤 되면 혹자는 반론을 펼지 모른다. '안빈낙도'를 강조하는 것은 가난해도 참고 도에 열중하라는 것이고, 그것은 가난의 고통을 모르거나 모른 체하는 것이다. 나아가 그 가난의 구조를 파헤치고 그것을 개혁하는 일의 중요성을 간과하고, 그저 정신적 경지만을 외치는 비현실적인 주장이 아닌가. 공자가 현세적이라고 하는 말은 빈말이지 않은가?라고. 사실 가난에 처해 보지 않은 사람은 그 엄중한 고통을 모른다. 더구나 자식들이 가난 때문에 불행을 겪으면 부모는 가슴이 천 갈래 만 갈래 찢어지는 고통을 받는다. 천 길 불 속의 화염이 어찌 그보다 더 고통스럽겠는가. 공자를 비난하는 마음이 충분히 이해된다.

그러나 공자도 그런 가난의 고통을 그저 묵묵히 참고 견디라거나, 그보다 정신의 고양에 힘쓰라고 하지는 않았다. 공자가 열국을 주유할 때의 일이다. 공자 일행이 산속 깊은 곳을 지날 때 어느 여인이 목 놓아 울고 있었다. 그 통곡에 가슴이 무너져 내린 공자는 여인에게 그토록 서럽게 우는 연유를 물었다. 이에 여인은 호랑이에게 자식과 남편이 잡아먹혔음을 털어놓았다. 그러자 공자는, 그런데도 왜 민가로 내려가지 않고 이 산속에서 지내는 것인지 물었고, 여인은 마을에 가면 호랑이보다도 더 무서운 가난(정확히는 '세금')이 있다고 답한다. 공자는 무거운 자책 속에서 먼 산을 응시하며 제자들에게 말한다. "보았느냐! 가혹한 정치는 호랑이보다도 무서운 것이니라"(『예기』 단궁하). 이러한 공자가 가난을 그저 참고 견뎌야 할 것으로 보았겠는가!

요즘 뉴스를 도배하는 부자들의 행태를 보면 알겠거니와, 부자가 되면 거만하고 오만하기 이를 데 없다. 가난한 사람들을 마치 노예 부리 듯 하면서 자신이 뭐라도 된 양 우쭐거린다. 그들이 겸손히 고개 숙여 부를 일으켜 준 타인에게 감사하고 그들을 도와주려는 마음 한 조각이 라도 보여 주면 좋으련만! 그런데 공자는 앞서 살펴보았듯 '가난한데도 원망하지 않는 것은 부자가 교만하지 않은 것보다 훨씬 어려운 일'이라 고 힘주어 말한다. 그 어려운 '부자의 겸손'보다도 '가난한데도 남을 원 망하지 않는 일'이 어렵다는 것이다. 이것은 가난한 사람들이 그 고통을 견디기 어렵다는 의미를 내포하고 있다. 공자는 그들의 고통을 충분히 공감하고 있었던 것이다. 그래서 가난한 사람들이 적어도 인간답게 살 수 있는 기본적 의식주를 충족시켜 줘야 하는 것이 통치자의 우선된 임 무임을 누차 강조한다.

공자께서 위나라에 가실 때 염유가 수레를 몰고 있었다. 공자께 서 말씀하셨다. "백성이 번성하구나!" 염유가 여쭈었다. "백성이 번성한 다음에는 또 무엇을 더하여야 되겠습니까?" "그들을 부하 게 해 주어야지." "부하게 된 다음에는 또 무엇을 더하여야 되겠 습니까?" "그들을 가르쳐야지." (『논어』 자로)

공자가 백성들의 가난을 결코 가벼이 여기지 않았음을 알 수 있는 대화이다. 공자는 젊었을 때 국가의 창고를 관리하는 직업을 갖기도 했고 훗날 국고의 출납을 담당하는 재정담당관의 자리에도 오른다. 이로 보아 공자가 경제 관념에 해박한 지식을 갖추고 있었음을 추측할 수 있다. 그의 제자 염유는 노나라 전체의 재정을 담당하는 자리에 오르기도 했고, 자공은 실제로 엄청난 재산가였다. 여하튼 공자는 분명히 가르침보다 부가 앞서야 한다고 말한다. 물론 여기서 말하는 '부'가 거부巨富를 의미하는 것은 아닐 것이다. 그러나 적어도 기본적 욕구를 통해 인간다운 삶을 살아갈 수 있는 요건은 충족시켜 주어야 비로소 군자로 이끌기 위한 도덕적 가르침도 의미를 가질 수 있다고 본 것이다. 이러한 사고는 유명한 맹자의 '무항산無恒産, 무항심無恒心'으로 이어진다.

일정한 생업이 없으면서도 일정한 마음을 지니는 일은 오직 선비만이 가능합니다. 백성들로 말하면 일정한 생업(항산)이 없으면 이에 따라 일정한 마음(항심)도 없습니다. 진실로 일정한 마음이 없다면 방탕하고 편벽된 일과 사악하고 사치스러운 일들을 거리낌 없이 하게 될 것입니다. (『맹자』양혜왕상)

백성들의 살아가는 도리를 보면, 일정한 생업이 있는 사람은 일

정한 마음이 있으며, 일정한 생업이 없는 사람은 일정한 마음도

없습니다. 진실로 일정한 마음이 없다면 방탕한 짓, 편벽된 짓,

사악한 짓, 사치스러운 짓 등 하지 않는 것이 없게 될 것입니다.

(『맹자』 등문공상)

'항산'이란 '지속 가능한 일정한 수입'을 뜻하는 것으로, 삶의 계획

을 세우는 데 필수적인 요소이며 삶의 최소 요건이다. 요즘 말로 하자

면 소위 '기본소득'을 의미한다. 백성들이 악에의 검은 유혹을 이겨 내

어 인간다운 삶을 살아가고, 그들을 깨우쳐 행복의 길로 인도해 주기 위

해서는 무엇보다 먼저 '일정한 소득', 다시 말해 기본적 의식주를 해결

할 수 있는 정도의 부는 주어져야 한다는 것이다. 이것이 없으면 사람은

살기 위해 온갖 악행을 자행하게 된다. 공자가 열국을 주유할 때의 일

이다. 63세 때 진나라에서 채蔡나라로 가는 도중 포위되어 양식이 떨어

졌고, 이에 공자 무리들의 고생이 이만저만이 아니었다. 다혈질의 자로

가 참다 못해 공자에게 한마디 했다. "공자님, 군자도 궁핍(窮)할 때가 있

는 겁니까?"[04] 얼마나 화가 났으면 군자, 군자 운운하는 공자를 비꼬았

---

04 여기서 궁(窮)하다는 것은 퇴로도 막히고 식량도 떨어진 궁핍한 상황을 말하는 것으로, 물
론 돈이 없는 빈한한 상황만을 꼬집어 말하는 것은 아니다. 그러나 재화가 떨어져 빈한한
상태 역시 '궁핍'한 상황에 포함된다. 따라서 여기서 말하는 상황이 '빈부'에 관한 것은 아

을까? 이를 가만히 듣고 있던 공자 왈, "군자야말로 참으로 궁핍할 수 있다. 소인은 궁핍하면 함부로 한단다"(『논어』위령공)라고 타이르듯이 말했다. 도를 지향하고 항시 마음을 다듬어 가는 군자에게는 '궁핍'이 궁핍 그 자체로만 다가오지만, 소인들은 조금 궁핍하면 도적질을 하거나 약탈을 하는 등 어떻게 해서든지 궁핍을 면하고자 하며, 이에 궁핍이 궁핍을 넘어 악으로 전환되는 것이다.

공자가 안회야말로 호학好學(학문을 좋아함)한다고 칭찬하면서, "안회는 화를 옮기지 않고 허물을 두 번 짓지 아니한다"고 한 적이 있다. 우리는 자신의 화를 못 이겨 다른 사람에게 벌컥 화를 내곤 한다. 그러나 '안빈낙도'하던 안회는 아무리 화가 나도 그것과 상관없는 타인에게 그 마음을 옮기지 않았다. 우리들은 '궁핍'하면 나의 궁핍과 상관없는 다른 사람들에게 그 분노를 퍼붓곤 한다. 동에서 뺨 맞고 서에서 분풀이하는 것이다. 그래서 소인에게는 반드시 기본적 의식주의 충족이 필요하다. 맹자 역시 여기에 주목했다. "풍년이 들면 젊은이들은 인심이 후해져서 서로 의지하지만, 흉년이 들면 가난을 참지 못해 서로 해치게 된다"(『맹자』고자상). 유교는 근기가 뛰어난 현자들을 향해 '안빈낙도'를 주장한 것만 아니라, 일반 백성들을 향해서도 마음 쓰고 있음을 알 수 있다. 유교

니나, 비유적으로 '가난'한 상태로 가정하고 말해도 무방할 듯싶다.

가 정치철학으로서 장구한 세월 동안 동아시아의 이데올로기로 지속될 수 있었던 이유가 여기에 있다.

이와 관련하여 또 하나 중요한 유교의 외침이 있다. 바로 부의 분배 문제이다. 유교는 일찍이 사회 정의로서의 부의 분배에도 상당한 관심을 갖고 노력을 기울였다. 예시를 보자.

> 공자께서 말씀하셨다. "적赤이 제나라로 갈 때 살찐 말을 탔고 가벼운 갖옷을 입었었다. 내가 들은 바로는 군자는 궁한 자는 도와주고, 부자에게 더 보태 주지는 않는다 하였다." (『논어』 옹야)

> 공자께서 말씀하셨다. "국가를 다스리는 자는, 백성이 적음은 걱정하지 않고 고르지 않음을 걱정하며, 가난함은 걱정하지 않고 편안치 않음을 걱정한다 하였다. 고르게 되면 가난이 없어지고, 화락하면 백성이 적지 않게 되고, 편안하면 나라가 기울어지는 일이 없을 것이다." (『논어』 계씨)

'적赤'은 공자 제자 공서화公西華의 이름이다. 그가 멀리 제나라로 출장을 가게 되자 당시 공자의 집사였던 염유가 적의 어머니에게 곡식을 내줄 것을 요청했다. 이에 공자는 여섯 말 네 되를 주라고 하였는데,

이것이 적다고 생각한 염유가 좀 더 줄 것을 청하자, 두 말 네 되를 더 주라고 하였다. 그러나 염유는 공자가 말한 양보다 훨씬 많은 양을 보내 주었다. 이에 대해 공자가 한 말이 첫째 인용문에 보이는 것이다. 적이 살찐 말을 타고 가벼운 갖옷(값비싼 옷)을 입었다는 것은 그의 집이 부유 하다는 것이고, 그렇다면 예를 표하기 위한 정도의 곡식을 보내 주는 것 만으로도 충분하다고 생각한 것이다. 사사로운 감정으로 부를 쓸데없 이 낭비해서는 안 되고, 더욱이 그가 부유하다면 결코 해서는 안 될 일 임을 강조한 것이다. 부 자체는 인간의 의지로 어찌할 수 없는 것일지라 도 현실적으로 편중된 부는 정치력에 의해 재분배되어야 한다는 신념 에 철두철미했던 공자는, 제자 염구가 부정한 조세정책을 통해 부유한 계씨季氏를 더욱 부유하게 만들어 주자, "염구는 더 이상 나의 제자가 아 니니 얼마든지 그를 성토해도 좋다"(『논어』 선진)고 일갈하고 있다.

두 번째 인용문에서는 직접 부의 분배 문제를 언급하고 있다. 위 정자는 '백성이 고르게 사는 데'에 관심을 가져야 한다. 가난이란 고르 지 않은 데서 생겨나는 것이기 때문이다. 아무리 국부가 넘치고 국가 전 체의 부가 많다 해도 고르게 분배되지 않으면 가난한 나라이며, 백성들 은 가난에 고통받는다고 본 것이다. 혜안이라 아니 할 수 없다. 수천 년 이 지난 지금의 세계는 온통 전체 파이를 늘리고 성장 위주의 정책만을 펴고 있는데, 공자는 수천 년 전에 이미 부와 가난이 어디에 있는 것인가를 예리하게 간파하고 있다. 순자 역시 "사士의 신분 이상의 사람들은 모두 이익을 추구하는 것을 부끄럽게 여기고, 백성들과 사업의 경영으로 다투지 않아야 하며, 자기 것을 나누어 주고 베푸는 일은 즐기되 재물을 쌓아 두는 일은 부끄럽게 여겨야 한다. 그렇게 하면 백성들은 재물 때문에 곤궁해지지 않고, 가난한 사람들은 그들의 손을 놀려 일할 수 있게 된다"(『순자』 대략)라고 부의 분배를 강조한다.

이상을 통해 볼 때, 공자를 비롯한 유교가 정신적 수양만을 강조하거나 현실적 가난을 외면한 것은 절대 아니다. 그들은 가난을 퇴치하기 위한 제도에도 골몰했고 부의 분배에도 심혈을 기울였다. 그들이 '안빈낙도'를 주장하는 것은 기본적 의식주를 충족할 만큼의 재화가 마련되었다면 이후에는 다른 것, 즉 인간다운 삶에 관심을 가지라는 것이다. 다시 말해, 기본적인 조건이 충족되었음에도 불행하다면 그것은 재화의 문제가 아니라 마음의 문제라는 것이다. 사실 부의 기준도 어렵지만 가난의 기준도 어렵다. 가난하다고 여기는 자들은 대부분 절대적 빈곤이 아니라, 남과 비교하거나 자신이 세운 잘못된 기준에 의해 판단을 내린다. 절대적 빈곤이라면 국가가 나서서 타파해야겠지만, 마음의 문제라면 이후는 '가르침'이 중요한 것이다. 무엇이 행복으로 나아가는 길이고, 무엇이 인간답게 살 수 있는 길인지 가르치는 것이 중요한 것이다. 따라서 공자는 백성들의 기본적 욕구를 충족시켜 준 다음에는 가르쳐야 할 것을 강조한다. 무엇을 가르칠 것인가? 공자는 인간 존재에 대한 자각과 '인仁'을 추구하려는 마음을 가르쳐야 한다고 생각했다. "인하지 않은 사람은 오래 곤궁하게 지내지 못하고(오래도록 곤궁함을 참지 못하고), 언제까지나 안락하게 지내지도 못한다"(『논어』 이인)는 공자의 말은 바로 이것을 지적한 말이다. 만일 인자仁者가 아니라면, 곤궁하면 그것을 못 견뎌 도적질이라도 하게 되고, 설사 부해도 더욱 부자가 되려는 끊임없 는 탐욕 때문에 평안할 수 없다는 말이다. 부자 되기는 어렵다. 그러나 타인을 사랑하고 배려하며, 그들의 아픔에 눈물 흘리고 위로할 줄 알며, 고통도 인내로 이겨 내는 품격을 얻기는 더욱 어렵다. 그런데 그러한 품 격이 없으면 '부'는 아무 쓸모없는 유해한 장식품에 지나지 않는다.

'仁'은 공자의 핵심 사상이다. 뒤에서 자세히 알아보기로 하고, 여 기서는 그에 관한 간단한 설명만 첨부하기로 한다. 공자의 인은 한 사람 의 통합적 인격을 말하는 것으로, 그 '인격'이란 바로 우주적 질서와 하 나가 되는, 또는 조화되는 어떤 성품, 다시 말해 타인을 사랑하고 공감 하며 배려하는 마음이다. 도가 문헌에 보이는 말이긴 하지만 인仁에 관 한 공자의 다음과 같은 말은 그것을 잘 말해 주고 있다. "마음속으로 사 랑하는 마음을 담아 만물이 편안하기를 바라고, 천하의 모든 사람을 사랑하여 어떤 사사로운 잡념도 없는 것, 이를 일러 인仁과 의義라 합니 다"(『장자』 천도). 우주적 근원성이 만물을 낳고 기르는(生生) 사랑의 마음으로 작용하고 있다고 본 공자는, 그러한 우주의 근원과 하나가 되는 마음으로 '인'을 제시했던 것이다. 인의 마음을 실천하고 또한 끊임없이 완성해 가는 존재여야 비로소 곤궁한 속에서도 지속적으로 '도를 즐기는 상태'를 유지할 수 있을 것이다. "부귀와 명예가 인의(도덕)에서 생겨난 것이라면 산속의 꽃처럼 자연스럽게 번성할 것이다. 공을 세워 생겨난 것이라면 화분 속의 꽃처럼 옮기는 자리에 따라 흥하거나 망할 것이다. 만일 권력을 이용해 얻은 것이라면 화병 속의 꽃처럼 뿌리를 심지 않았으니 금방 시들어 버릴 것이다." 중국 처세철학의 최고봉이라 불리는 『채근담』에서도 이러한 취지의 말을 하고 있다.

그런데 그들은 왜 그렇게 생각했을까? 왜 같은 부이면서도 인의 마음에서 얻는 것과 기타 다른 방법에 의해 얻어지는 부의 생명이 다른 것일까? 위의 공자의 말에서 그 답을 찾을 수 있다. '인하지 못하면 오래도록 곤궁함을 참지 못하고, 언제까지나 안락하게 지내지도 못한다!' 다시 말해 인하지 않으면 현재의 부에 만족하지 못하고 끊임없이 더 많은 부를 탐한다. 탐욕! 그렇다. 바로 이것이 사람들로 하여금 설사 부를 얻었다 해도 오래도록 그 안락함을 유지하지 못하게 하는 원인인 것이다. 사실 인간이라면 누구나 부귀를 바라는 것이 인지상정이다. 더욱이 부귀 자체가 나쁜 것도 아니다. 유학자들 모두 그것이 인간의 기본적 욕구임을 인정하고 있다. 예를 들어, 공자는 "부귀라는 것은 사람들이 모두 탐내는 것"(『논어』 이인)이라 하고 있으며, 순자 역시 "천자처럼 귀해지고 온 세상을 차지할 만큼 부유해지는 것은 사람들의 성정으로 다 같이 바라는 바이다"(『순자』 영욕), 또는 "사람들의 성정은 음식은 쇠고기나 돼지고기를 먹으려 하고, 옷은 무늬를 수놓은 비단옷을 입으려 하고, … 모아 놓은 재산과 저축이 풍부하기를 바란다"(『순자』 영욕)라고 말한다. 그러나 부에 대한 욕구는, 도덕적으로 견고히 무장한 인자仁者가 아니고서는 끝없이 증폭되어 탐욕으로 귀결되며, 그 탐욕은 점점 더 강해져 결국 우리를 몰락의 길로 내몰고 만다. 유가가 부귀를 멀리하는 이유가 여기에 있다.

그런데 사람들이 그 사실을 모르는 것도 아니다. 그러나 그 수렁에 한번 빠지면 좀처럼 벗어나기 힘들다. 그래서 우리는 '명예와 부귀는 물과 구름처럼 흘러가는 허무한 것'이라고 말하면서도, 결국 재물과 명예, 부귀영화와 욕심에 얽매여 스스로 파멸을 재촉한다. "탐욕이 많은 자는 금을 주면 옥이 없음을 한탄하고, 공의 자리에 앉히면 제후가 되지 못한 것을 불평한다. 이는 권세와 부귀의 자리에 있으면서도 (구걸하는) 거지 행세를 하는 것과 다르지 않다. 그러나 만족할 줄 아는 사람은 명아주국도 고기나 쌀밥보다 달게 여기고, 베옷도 털옷보다 따뜻하게 여기니, 백성을 편안케 하면 왕이나 귀족을 부러워하지 않는다"(『채근담』). 행복이란 마음을 어떻게 먹느냐에 따라 달라지는 것이지 결코 부귀영화가 행복을 가져다주는 것은 아니다. 오히려 끝없이 탐욕을 부추길 뿐이다. 공자는 말한다. "(부귀를) 얻기 전에는 얻을 것을 걱정하고, 얻고 나서는 잃을까 걱정한다. 만일 잃을 것을 걱정하기 시작하면 못 하는 짓이 없을 것이다"(『논어』양화). 주희는 여기에 주를 달아 "부귀를 잃게 될까 걱정하게 되면 아비와 임금 죽이는 일도 서슴지 않게 된다"고 강조한다. 지금도 종종 일어나는 일이다. 이것이 '부'의 가장 큰 문제점이며, 바로 이 때문에 '인'의 마음을 가져야만 하는 것이다. 그래야만 가난 속에서도 도를 즐기고, 부유하면 거기에 만족하여 더 많은 부를 탐내지 않을 수 있다. 그렇게 될 때 비로소 부와 행복은 연동된다.

> 명아주로 입을 달래고 비름나물로 창자를 채우는 사람은 대부분 얼음처럼 맑고 옥구슬처럼 깨끗한 마음을 지녔다. 그러나 비단옷을 입고 맛 좋은 음식을 먹는 사람들은 권력 앞에 비굴하게 무릎 꿇고 종노릇을 마다하지 않는다. 사람의 마음은 맑고 깨끗해야 지조를 지킬 수 있고, 부귀를 탐내면 절개를 잃는다. (『채근담』)

"먹는 것을 보면 그가 어떤 사람인지 알 수 있다"는 말이 있다. 거기서 무욕과 탐욕의 모습이 보이기 때문이다. 섭식에 있어 기본적 욕구에 만족하는 사람은 권력이나 부 앞에 비굴하지 않다. 그러나 사치스러운 음식을 즐기는 사람은 이미 마음속에 탐욕이 그득하고, 그 탐욕은 부와 권력을 좇기 위해 비루한 삶도 마다하지 않게 된다. 순자도 다음과 같이 말한다. "군자는 가난해도 뜻이 넓고, 부귀해도 몸가짐이 공손하다. 편안히 즐길 때에도 혈기를 따라 멋대로 놀지 않고, 고단하더라도 용모가 일그러지지 않는다. 노엽다고 해서 지나치게 빼앗지도 않고, 기쁘다고 해서 지나치게 주지도 않는다. 군자가 가난하면서도 뜻이 넓은 것은 어짊(仁)을 존중하기 때문이다"(『순자』 수신).

에피쿠로스에 의하면, 인간의 욕구는 자연적이고 필요한 욕구(기본적 의식주), 자연스럽지만 불필요한 욕구(고급음식이나 사치품), 그리고 부자연스럽고 불필요한 욕구(부, 권력, 명예 등에 대한 욕구)로 나뉘는데, 부자연스럽고 불필요한 욕구는 결코 충족되지 않고 채우면 채울수록 오히려 고통을 초래하게 된다고 한다. 그에 의하면 행복은 되도록 욕망을 버림으로써 마음의 평정(아타락시아)을 얻는 데서 오는 것이다.

사실 인에 뜻을 둔다면 부자가 되기 어려운 것이 현실이기도 하다. 아등바등 돈을 모아도 부자 되기란 하늘의 별 따기만큼이나 어려운 것인데, 하물며 인간의 가치를 추구하고 자아실현을 삶의 목적으로 생각하는 사람이 부자가 된다는 것은 그야말로 '낙타가 바늘귀에 들어가는 것'만큼이나 어려운 것이리라. "군자는 먹을 적에 배부름을 구하지 않으며, 거처할 때 편안함을 구하지 않는다"(『논어』 학이)는 공자의 말을,

주희는 "편안함과 배부름을 구하지 않는 것은 뜻이 다른 데 있어서 거기에 미칠 겨를이 없기 때문이다"라고 해설하고 있는데, 사실 유교적 군자란 "배우기에 분발하여 먹는 것을 잊고, 즐거워 근심도 잊으며, 늙음이 닥쳐오는 것도 모르는"(『논어』술이) 자이니, 그들이 부자가 될 가능성은 매우 희박했을 것이다. 양호도 이렇게 말하고 있다. "부자가 되려 하면 인자가 되지 못하고, 인자가 되려 하면 부자가 되지 못합니다"(『맹자』등문공상)고. 이처럼 인을 지향하는 사람이야말로 비록 물질적으로 가난해도 그것을 부끄러워하거나 수치스러워하지 않고 거기에 즐겁게 안주할 수 있다. 재물의 많고 적음이 하등 문제가 되지 않기 때문이다.

공자는 말한다. "선비가 도에 뜻을 두고서 나쁜 옷과 거친 음식을 부끄럽게 여긴다면 함께 의논할 상대가 되지 못한다"(『논어』이인). 스스로 가난을 부족하게 느끼건, 아니면 남의 눈을 의식하여 부끄럽게 여기건 모두 겉으로만 도에 뜻을 둔 것에 불과하다. 진정 도에 뜻을 둔다면 가난이 우리를 고통스럽거나 부끄럽게 할 수 없다. "가난이야 한낱 남루襤褸(낡아 해진 옷, 누더기)에 지나지 않는다. 저 눈부신 햇빛 속에 갈매빛의 등성이를 드러내고 서 있는 여름산 같은 우리들의 타고난 살결 타고난 마음씨까지야 다 가릴 수 있으랴"(「무등을 보며」)고 노래한 서정주 시인의 말처럼, 가난은 기껏해야 우리의 몸뚱이를 싸고 있는 남루한 누더기에 지나지 않는다. 그것이 어찌 우리의 본질에 해를 끼칠 수 있겠는가.

공자는 다음과 같이 말하기도 한다. "해어진 허름한 옷을 입고서, 여우나 담비털 옷을 입은 사람과 함께 서 있어도 부끄러워하지 않을 사람은 자로이다"(『논어』 자한). 여우가죽이나 담비털로 만든 옷은 당시 최고가의 옷이었다. 이런 옷을 입은 사람들과, 그것도 해지고 허름한 옷을 입고 함께 서 있으면서도 전혀 부끄러워하지 않는 것은 쉬운 일이 아니다. 빈부에 동요되지 않는 강한 정신이 있어야만 가능하다. 남보다 조금만 허접한 옷을 입거나 싼 음식을 먹을 때 얼마나 창피했던가를 생각해 보자. 지금도 그렇지만 예전에 한동안 학생들이 명품 운동화나 점퍼가 아니면 학교에 가지 않으려 했던 때가 있었다. 그래서 집안 사정이 좀 어렵더라도 어쩔 수 없이 원하는 명품을 사 주곤 했는데, 이것 역시 남의 눈을 의식한 결과이다. 남과 비교하는 것은 자존감이 부족하기 때문이다. 남의 눈을 의식하고 남의 판단을 좇게 되면 결국 탐욕으로 나아간다.

적어도 인간으로 태어나 인간다운 삶을 살아 내려는 목표가 뚜렷하고 거기서 참된 즐거움을 찾는다면, 빈천은 아무런 문제가 되지 않는다. 빈부에 관계없이 언제나 여유롭고 평온하다. 물론 결코 쉬운 일은 아니다. 얼마나 어려운 일이겠는가. 불교의 성불 역시 극히 어렵지만 그래도 불교적 깨달음은 돈오頓悟(홀연히 오는 깨달음)가 가능하다. 그러나 유교적 군자는 결코 돈오에 의해 이루어질 수 없다. 죽는 순간까지 그 긴장의 끈을 놓지 않아야 한다. "군자가 인을 버린다면 어찌 군자라 하겠는가. 군자는 밥 먹는 동안에도 인을 어기지 말아야 하며, 다급한 순간이라 할지라도 꼭 인을 지키고, 넘어지는 순간이라 할지라도 꼭 인을 지켜야 한다"(『논어』이인). 공자의 제자 증자도 다음과 같이 말하고 있다. "선비는 뜻이 원대하고 강인하지 않으면 안 되는 것이니, 책임은 무겁고 갈 길은 멀기 때문이다. 인으로써 자기 책임을 삼으니 어찌 무겁지 않겠는가? 죽은 뒤에야 그만두는 것이니 매우 멀지 아니한가?"(『논어』태백). 결연한 의지가 읽힌다. 그것이 진정 인간다운 삶이고, 진정 행복한 일이라면 그 어려운 길을 즐겁게 걸어가는 것, 그것이 유교가 그리고 있는 군자의 모습이다.

그런 마음이 되어 있지 않은 자가 설혹 재물을 많이 모았다거나 큰 권력을 가진들 그것이 자신의 행복과 무슨 관계가 있을까. 그것이 그의 행복과 직결되기나 할까. 이런 점에서 공자의 다음과 같은 말은 매우 의미심장하다. "그림 그리는 일은 그 바탕을 만든 이후에야 가능한 것이다"(『논어』팔일). 공자가 갑자기 그림 그리는 법에 대하여 말하니 어리둥절할지 모르겠다. 화가도 아닌데 말이다. 물론 옛 선비(학생)는 육예六藝[05]라 해서 전인격적 학문을 도야했고, 마음의 수양을 위해서 사군자를

---

05 중국 주대로부터 내려오는 교육과목으로, 예(禮, 예의범절), 악(樂, 음악), 사(射, 활쏘기),

치기는 했다. 그런데 그림을 그릴 때 먼저 그림을 그릴 비단이나 화선지의 바탕을 잘 만들어 놓아야만, 그 위에 그리는 그림이 제대로 표현될 수 있다. 그렇지 못하면 색이 떨어져 나가거나 변색되어, 아무리 재능 있는 사람이 아무리 훌륭하게 그려도 소용이 없다. 그래서 그림 그릴 때는 먼저 바탕을 만드는 데 심혈을 기울여야 한다.

공자가 여기에서 정말 말하고 싶었던 것은 우리의 삶도 그렇다는 것이다. 여기서 바탕이란 마음바탕, 다시 말해 남을 사랑하고 배려하며 공감해 가는 능력을 말한다. 그 마음바탕을 잘 만들어 놓은 뒤, 그 위에서 열심히 공부하고 정당한 방법에 의해 재물도 모으고 관료가 되어 승승장구할 때, 그 모든 공적들이 비로소 나의 행복과 연결될 것이다. 그렇지 못하면 오히려 그 재물이나 권력이 남을 해하고 결국 나를 망치는 흉기가 되어 나에게 상처를 내고 만다. 인간에 대한 '사랑'이 없는 정치가나 판검사, 의사를 상상해 보라. 얼마나 두려운가! 많은 사람들에게 영향을 끼치거나 목숨을 좌우하는 그들이 오로지 자신의 이익이나 탐욕에 휘둘려 그 일을 할 때 무슨 일이 벌어질지 상상조차 하기 싫다.

그러나 과거 그런 일은 정말 많았고 지금도 무수히 행해지고 있다. "민중은 개, 돼지로 보고 먹고살게만 해 주면 된다"고 한 어떤 교육

어(御, 말타기 또는 마차 몰기), 서(書, 서예), 수(數, 산학 또는 수학)의 6과목을 말한다.

부 정책기획관은 경향신문 기자의 "구의역에서 컵라면도 못 먹고 죽은 아이가 가슴 아프지도 않은가. 사회가 안 변하면 내 자식도 그럴 수 있는 것이다. 그게 내 자식이라고 생각해 봐라"라는 말에 다음과 같이 대꾸했다. "그게 어떻게 내 자식처럼 생각되나. 그게 (도대체) 자기 자식 일처럼 생각이 되나!" 그러면서 그렇게 생각하는 것은 '위선'에 지나지 않는다고 했단다. 교육부 고위 관료의 생각이 이럴진대 이 나라의 교육이 제대로 될 리가 있었겠는가! 그는 교육부 고위 관료 자리를 어떻게 꿰차기는 했지만, 자기 마음바탕 만들기에는 온전히 실패한 것 같다. 아니 어쩌면 다른 '마음바탕'을 만들어 놓았을지도 모를 일이다. 공감능력이 전무한 그의 손에서 이 나라 교육정책이 세워졌다니 얼마나 끔찍한가. 소름 돋을 일이다.

공자가 경계했던 것은 바로 이것이다. 사람이 열심히 일해서 그 정당한 결과로 부자가 되거나 지위가 높아지는 것이 무슨 문제겠는가. 오히려 그런 군자가 지배층이 되어야 한다고 생각하는 게 유교의 생각이다. 유교는 부귀를 부정하는 것은 아니다. 경시하지도 않는다. 다만 그것이 나의 행복으로 연결되기 위해서는, 오히려 나를 해치는 흉기가 되지 않게 하기 위해서는, 우선 마음바탕을 만들어 놓아야 한다는 것이다. 그럴 때 비로소 재물이 생기면 적절히 사용하고 남도 돕고 거기서 즐거움을 찾으며, 권력을 갖게 되면 그 권력으로 모두가 행복하게 살도록 노력하면서 자신의 지락至樂도 찾게 된다는 것이다. 거기서 오는 즐거움이야말로 존재의 밑바탕에서 솟구쳐 온몸으로 펴져 가는 참된 즐거움이고 진정한 행복이다. 그래서 공자는 그렇게도 마음공부를 강조한 것이다. 나는 개인적으로 이 구절이 정말 좋다. "너를 채색하기 전에 먼저 마음바탕을 잘 만들어라!" 늘 가슴에 품고 살아가고 싶은 말이다. 맹자도 다음과 같이 말하고 있다. "인이란 사람의 마음이며, 의란 사람의 길이다. 그런데 그 길을 버리고 따르지 아니하고, 그 마음을 잃어버리고도 찾을 줄 모르니 슬픈 일이로다!"(『맹자』 고자상).

   "손가락이 다른 사람들과 같지 않은 것은 싫어하면서도 마음이 다른 사람들과 같지 않은 것은 싫어할 줄 모르니, 이런 것을 두고 일의 경중을 모른다고 하는 것이다"(『맹자』 고자상). 옛날 내가 초등학교에 다닐 무렵에는 신체에 장애가 있는 사람이 꽤 많았다. 한쪽 다리가 불편한 소아마비, 등이 굽어 올라온 곱사등 등. 모두 태어나면서부터 또는 어릴 때 자신도 모르게 생기는 장애이다. 자신의 잘못도 아닌데 얼마나 힘든 삶을 살아야 했는지 지금 생각해도 가슴 아프다. 요즘은 어려서 예방주사를 맞아 이런 장애가 없어졌으니 얼마나 다행인지 모른다. 맹자는 손가락이 여섯 개 달려서 남과 다르면 창피해서 가리거나 주머니에 넣어 어떻게든 숨기려 들면서도, 마음이 모가 나고 이기적이고 삐뚤어져 있는데도 그건 나 몰라라 하고 고치려 하지 않는 세태를 꼬집은 것이다.

물론 손이 남만 못하면 얼마나 슬프고 창피하겠는가? 그러나 그것은 사실 인간다운 삶을 살아가는 데에는, 인간이 자아를 실현하고 행복한 삶을 영위하는 데에는 전혀 장애가 되지 않는다. 이에 반해 마음이 남보다 못나 자기만을 생각하고 편협한 고집과 아집에 묻혀 산다면, 그것은 인간다운 삶을 사는 데 치명적인 결함이 된다. 물론 진한 감동의 행복은 바랄 수도 없다. 그런데 외모에만 치중하고 남의 평가에만 매달리는 우리들은 보이는 것에는 그렇게 신경 쓰면서도, 마음은 눈에 보이지 않는다 하여 못된 마음을 예쁜 마음으로 바꿔 가는 일에는 전혀 무관심하다. 이것이야말로 참으로 통탄할 일이라고 맹자는 절규하고 있는 것이다.

요즘도 남자는 식스 팩, 여자는 S라인, 작고 갸름한 V자 얼굴, 힙업 등 외모에 대한 관심들이 넘쳐 난다. 많은 경우 매스미디어가 만들어 놓은 것이다. 이런 외형을 갖기 위해 요가다, 헬스클럽이다 바쁜 시간을 보낸다. 물론 이것이 나쁘다는 것은 아니다. 그런 과정에서 몸의 건강이 만들어지기도 하니까(물론 극단적인 방법, 예를 들면, 지나친 성형이나 거식에 의해 그런 몸상태를 이루려는 것은 매우 위험한 방법이다). 그러나 그것보다 훨씬 중요한 것이 마음 가꾸기이다. 우리가 잊어 왔던 것, 잘못된 사회 속에서 살아가면서 소홀히 해 왔던 것! 바로 마음바탕 만들기이다. 그것이 우리의 행복을 가져다주는, 힘들지만 가장 확실한 길이라는 것이 유교의 가르침이다. 마음도 몸처럼 근육을 붙여 가야 한다. 그래야 외물에 휘둘리지 않고 탐욕을 이겨 낼 수 있다. 멋진 마음의 근육을 만들고 볼 일이다. 유교는 그것을 인간이 걸어가야 할 길, 즉 '인도人道'라고 한다.

> 한 그릇의 밥과 한 대접의 국은, 그것을 얻으면 살게 되고 얻지 못하면 죽게 되는 것이다. 그러나 '이놈아!' 하고 그것을 준다면 길 가던 사람 모두가 받지 않을 것이다. (더구나) 발로 차 버리듯이 그것을 준다면 거지라도 받지 않을 것이다. 그러나 만종의 녹이라면 예의에 합당한지를 따지지 않고 그것을 받는다. 만종의 녹이 내게 무엇을 더해 주는가? 집을 아름답게 꾸미고, 마누라와 첩을 두고 호강을 하고, 궁핍한 자들에게 자기 위세를 보여 주려는 것일까? 전에는 자신이 죽게 된대도 받지 않았는데, 지금은 집을 아름답게 꾸미기 위하여(그리고 마누라와 첩을 두고 호강하고, 궁핍한 자들에게 자기 위세를 보여 주기 위하여) 그것을 받는다. … 그런 것을 두고 그의 본심을 잃었다고 하는 것이다. (『맹자』 고자상)

자기 목숨이 달려 있어도 예에 어긋난 음식은 받지 않던 자존감이 거대한 부 앞에서는 거품처럼 무너져, 기껏 허세나 과시 따위를 위해 예도 따지지 않고 덥석 그것을 받는다. 부에 굴복당하는 인간의 본심! 그것을 간직하는 길은 놓아 버린 마음(放心)을 찾는 것에 있다. 그것은 마음바탕(인)을 만드는 길이고, 자신의 이기심(탐욕)을 극복하고 예로 돌아가는 길(극기복례克己復禮)이다.

　이렇게 보면 왜 공자가 유교의 창시자이고 그렇게 숭앙받았는지를 알 수 있다. 『논어』에 수록된 공자의 말은 일견 평범해 보이지만, 한 마디 한마디가 깊은 사색과 실천에서 온 말이므로 어느 이론적 주장보다 절실함과 감동이 묻어난다. 더구나 '부'에 관해서도, 개인적 부의 문제, 위정에 있어서의 부의 문제, 부와 정의의 문제 그리고 그 극복책 등 부의 문제를 종합적으로 고찰하고 있음을 알 수 있다.

　이제 눈길을 돌려 '도가'라 불리는 자들은 부에 대해 어떤 입장을 갖고 있었는지, 그것은 유교와 어떻게 다른지 알아보기로 하자.

2. 도가

　공자가 '부'에 관해 당시로서는 매우 종합적이고 체계적으로 서술하긴 했지만, 도가 역시 거기에 많은 관심을 갖고 있었고 어떤 부분에 대해서는 더욱 깊이 천착하기도 했다. 도가사상은 흔히 '노장사상'이라 불리듯 노자와 장자를 중심으로 한다.[06] 물론 위진남북조 시대나 당나라 때 노장사상이 눈부신 발전을 이루었고, 노장사상에 의탁하여 '도교'라고 하는 종교도 성립되었다. 다만 여기서는 노자와 장자를 중심으로 그들의 '부'에 관한 시각을 알아보기로 한다. 우선 주목할 것은 장자이다. 그러면 장자를 따라 '부'의 세계를 소요해 보자.

> 천하에 지극한 즐거움이란 있는 것일까, 없는 것일까? 인간의 몸을 참되게 살리는 길은 있는 것일까, 없는 것일까? 우리는 무엇을 하고, 무엇을 버려야 하는가? 무엇을 피하고, 무엇에 몸을 담아야 하는가? 무엇을 따르고, 무엇을 멀리해야 하는가? 무엇을 즐거워하고, 무엇을 싫어해야 하는가? (『장자』 지락)

나는 전통사상가 중에 이보다 더 강렬하게 인간 삶을 자문한 인물을 보지 못했다. 그만큼 장자가 깊이 있고 진지하게 사고했다는 방증이다. 마치 피를 토해 내듯 절규하는 그의 질문에 스스로는 어떤 답을 내리고 있을까?

---

06 노자의 사상과 장자의 사상은 많은 부분에서 다르다. 그러므로 양자를 완전히 다른 사상가, 즉 같이 '도가'라는 이름으로 부를 수 없음을 주장하는 학자들도 있다. 그러나 양자 모두 '무위'를 주장하고, 그 무위가 이성적 지식에서 벗어나 자연 그대로의 성정을 유지하려는 것이라는 점에서 기본적으로 동일한 점이 있고, 특히 '부'의 관점에 있어서는 그다지 다르지 않으므로, 양자를 '도가'라는 이름으로 묶어 기타 학파들과 구분해도 무방하다고 생각한다.

세상 사람들이 좋아하는 것은 부귀와 장수와 명예다. 모든 사람이 즐기는 것은 몸의 안락과 맛있는 음식, 아름다운 옷과 보기 좋은 색깔, 그리고 듣기 좋은 음악이다. 세상이 업신여기는 것은 가난과 천대와 요절과 악평이다. (『장자』 지락)

그는 우선 인간이 현실적으로 추구하는 것을 언급하는 데서 실마리를 찾아간다. 예나 지금이나 사람들이 부귀를 추구하는 것은 변함없다. 그런데 이것이 인간을 참으로 살리는 길일까? 우리가 따라야 할 길일까? 장자는 거기에 부정적이다. 그 이유는 어디에 있을까?

무족이 말하였다. "부는 사람에게 이롭지 않은 바가 없다. 부자가 되면 아름다운 것을 모두 차지할 수 있고, 천하의 권세도 내 것으로 할 수가 있다. 그래서 지인至人도 여기에는 이를 수가 없고 성인도 이에 미칠 수가 없다. 또 부자가 되면 타인의 용감한 힘을 빌려 내 위세를 강하게 할 수가 있고, 남의 지략을 취하여 자기의 통찰로 삼을 수가 있으며, 남의 덕을 얻어 자기를 현명하게 만들고, 나라를 이어받을 만한 사람이 아님에도 군부君父와 같은 위엄을 갖추게 된다. … 그러니 세상 사람 누가 이 부를 사양할 수 있겠는가." 지화가 답하였다. "진실로 지혜로운 사람의 행위는 백성들의 마음을 자기 마음으로 삼아 그 분수(度)를 넘지 않는다. 그래서 늘 만족하기 때문에 다투지 아니하며 무위하기 때문에 구함도 없다. 그러나 이욕을 추구하는 사람은 항상 만족하지 못하여 사방에서 다투면서도 자기는 그것을 탐하는 것이라 여기지 않는다. 청렴과 탐욕의 실상은 탐하는 외물에 달려 있는 것이 아니라, 구하는 마음의 정도에 따라 판단되는 것이다. 참으로 지혜로운 자는 비록 형세는 천자가 된다 해도 그 지위로 남들에게 오만하게 굴지 않으며, 천하의 부를 얻는다 해도 그 재물로 남들을 희롱하지 않는다." 이에 무족이 말했다. "그러나 사람이 자기의 명예를 지키려고 몸을 괴롭히고 맛난 음식을 먹지 않으며, 자기 몸을 기르고자 검약하면서 살아가는 것은 마치 오래도록 앓고 가난에 시달리면서 죽지는 않는 인간과 같은 것이다." 지화가 답했다. "평범하게 균형을 유지하는 것이 행복이고 넘치면 해가 되는데, 재물이 특히 그렇다. 지금 부자들은 귀로 종소리, 북소리, 피리소리를 즐기고, 입으로 고기와 술을 포식하며 자기 정욕을 만족시키지만 진짜 해야 할 일은 잊고 있으니 이를 문란함(亂)이라 할 수 있다. … 재물을 탐내다 몸을 상하고, 권세를 탐내다 정력을 소진하고, 생활이 안정되니 음락에 빠지고, 육체가 윤택해지자 남은 정기를 모두 소모하니 이는 병이라고 할 만하다. … 문란함, 괴로움, 병, 치욕, 근심, 두려움, 이 여섯 가지는 세상에서 지극히 해로운 것이다. 그런데 부자들은 이것을 잊고 깊이 살필 줄 모른다."

(『장자』 도척)

여기에는 부에 대한 많은 정보가 들어 있다. 부를 추구하는 이유, 부의 효용, 부의 본질 그리고 부의 병폐 등이 폭넓고 깊이 있게 서술되어 있다. 장자야말로 부의 실상에 골몰한 자라고 할 만하지 않을까?

무족은 앞서 사마천이 부의 효용을 말한 것보다 더욱 자세하고 광범위하게 부의 이로움에 대하여 언급한다. 거기에는 세상 사람들이 부를 통해 얻고자 하는 모든 목록들이 상세히 열거되어 있다. 그야말로 돈이면 무엇이든 가능하다고 본 듯하다. 바로 그렇기 때문에 예나 지금이나 한결같이 부를 원하는 것이 아니겠는가? 그러나 지화는 차분히 부의 위험성을 경고한다. 그에 따르면 부(재물)가 위험한 까닭은 적절한 선을 찾지 못하고 항시 넘친다는 데 있다. 다시 말해, 만족하지 못하고 끝없이 탐욕을 일으키는 것이 문제이다. 이것은 결국 모든 정력이 소진되고 죽은 후에야 그치게 되니 병, 그것도 '죽음에 이르는 병'이 아니고 무엇이겠는가? 그럼에도 불구하고 우리들은 욕구를 포기한 삶은 살아 있어도 죽은 것이나 마찬가지라고 강변하면서, 끊임없이 부를 추구하고 쾌락에 몸을 맡긴다. 신기루를 좇듯, 나방이 불을 찾아 헤매듯. 주위에서 수많은 사람들이 화를 당하고 있음을 뻔히 목도하면서도 우리는 그 환상을 저버리지 못한다. 장자는 다음과 같이 말한다. "그러나 부자들은 이런 것들을 살필 줄 모른다. 그러다가 재앙이 닥치면 뒤늦게 지금까지 쌓은 재산을 다 바쳐서라도 하루라도 평온한 날을 누리기를 소원한다. … 그런데도 사람들은 제 몸을 해치면서까지 재물을 얻으려 다투고 있으니 이 어찌 미혹된 일이 아니겠는가!"(『장자』도척). 『홍루몽』에도 다음과 같은 말이 보인다. "죽은 뒤에도 남을 만큼의 재산이 있음에도 탐욕의 손길 거둘 줄 모르더니, 눈앞에 막다른 길이 나타나고야 비로소 고개 돌리며 후회하네." 노자도 여기에 가세한다.

명성과 몸, 어느 것이 내게 가까운가.
몸과 재화, 어느 것이 내게 소중한가.
얻음과 잃음, 어느 것이 병이던가. (『도덕경』 44장)

노자는 "온갖 금은보화를 집안 가득 채우지만 그것을 지킬 수가 없고, 부유하고 높은 자리에 있다 하여 교만하면 스스로 허물을 남기는 꼴이다"(『도덕경』 9장)라고 하여, 부의 허무함과 탐욕에 대한 경계를 역설한다. 부를 강조하고 부를 숭상하면서 이 세상은 점점 더 각박하고 힘든 세상, 즉 유위有爲의 세상으로 흘러간다고 본 노자는 "현인을 숭상하지 않아야 백성들이 경쟁에 휘말리거나 다투지 않게 된다. 얻기 어려운 재화를 귀하게 여기지 않아야 백성들이 도적이 되지 않는다"(『도덕경』 3장)고 외친다.

사실 지화의 입을 빌려 장자가 말하듯 평범한 삶이 행복이다. 사람들은 "나는 평범하게 살고 싶어!"라고 쉽게 말하지만 평범한 삶이 사실 가장 어려운 것임을 모르고 있다. 아내(또는 남편)와 사이좋게 백년해로하면서 예쁜 아이 잘 키우고, 돈이나 지위에 너무 욕심내지 않으면서 중산층 가정에서 그저 평화롭고 따뜻하게, 남에게 해 끼치지 않으면서 사는 삶, 그 평범한 삶이 가장 어려운 삶인 것이다. 그런데 꼭 알아 두어야 할 것은, 평범한 삶이냐 탐욕의 삶이냐의 갈림길은 외물이 아니라 마음에 달려 있다는 점이다. 따라서 평범한 삶을 살기 위해서는 긴 여정의 마음공부가 필요하다. 각고의 노력을 기울이지 않으면 얻을 수 없는 삶이 바로 평범한 삶인 것이다. '만족점을 안다'는 것은 '탐욕'을 이겨 내는 것이고, 그렇게 되면 부귀한 자가 되어도 남들에게 오만하지 않으며, 가난한 사람들을 업신여기거나 희롱하지 않는다. 그래서 노자는 "족함을 아는 자가 진정한 부자이다"(『도덕경』 33장)라거나, "족함을 알면 욕되지 않고, 멈출 줄 알면 위태롭지 않다"(『도덕경』 44장), 또는 "죄로는 지나친 욕심이 가장 크고, 화로는 족함을 모르는 것이 가장 크다"(『도덕경』 46장)고 말한다.

그러나 우리는 끝내 탐욕에 지고 만다. 왜 이런 일이 일어나는 것일까? 장자는 그 원인에 대하여 다음과 같이 말한다. "사람에게는 이해(이로움과 해로움)라는 두 가지 함정이 있어서 거기에서 도망칠 수 없다. 언제나 두려워 편안치 않고 천지 사이에 매달린 듯 불안하다. 고민이 마음에 엉겨 근심에 잠기게 되면 기운이 막히고 답답하게 된다. 그러면 이해에 대한 생각이 서로 마찰을 일으켜 욕망이라는 불이 일어나게 된다. 욕망의 불은 사람들 마음속의 평화를 불태워 버린다. 그래서 마음이 달처럼 맑고 고요한 사람이라 해도 불같은 욕망을 이기지 못하는 것이다. 욕망의 불길이 일어나면 모든 것이 무너진다"(『장자』외물). 욕망의 불꽃! 그 활활 타오르는 불꽃이 일기 시작하면 모든 것이 불타고 스러져 재가 되지만, 한번 그 욕망에 발을 담그면 결코 뺄 수 없다. 부귀에 대한 욕망이 무서운 이유이다. 그래서 황하 가에 살던 어떤 가난한 사람은 아들이 주워 온 천금의 진주를 보고는 기겁해서 깨트려 버리라고 다그치기까지 한다(『장자』열어구). "뱁새가 깊은 숲속에 둥지를 튼다 해도 차지하는 것은 나뭇가지 하나일 뿐이고, 두더지가 황하의 물을 마신다고 해도 자기 배를 채우고 나면 그만일 뿐"(『장자』소요유)인데, 사람들은 모든 숲과 모든 강을 가지려고 한다. 인간이 한평생 먹고 살기 위한 재화가 왜 그렇게 많아야 할까. 엄청난 재산을 갖고, 자식들에게 또 그 자식들에게 아직 태어나지도 않은 또 그 자식에게까지 물려줄 생각을 하며 부의 아성을 쌓으려 하니 이것이 탐욕이 아니고 무엇이겠는가?

　　서한 시대 소광이라는 자가 있었다. 그가 관직에서 물러날 때 조정에서 행한 그의 업적을 기려 황제가 황금 70근을 하사하였다. 그는 퇴직하고 고향으로 내려와서는 매일 친척이나 친구들을 불러 술과 음식을 대접하면서, 황금이 얼마나 남아 있나 확인하고는 가족들에게 빨리 써 버릴 것을 재촉하였다. 이에 소광의 아들과 손자는 친척 어른을 찾아가 황금을 쓰지 말고 자손에게 물려주도록 아버지(소광)를 설득해 달라고 부탁하였다. 친척 어른의 충고를 들은 소광은 다음과 같이 말했다. "내가 늙고 노망이 들어 자손들의 앞날을 걱정하지 않는다고 생각하십니까? 우리는 이미 밭도 있고 집도 있으니 자손들이 열심히 밭을 갈면 충분히 먹고살 수 있습니다. 절대 다른 사람들보다 부족하지 않습니다. 그러나 만일 자손들에게 더 많은 재산을 물려주면 그들은 분명히 나태해질 것입니다. 현명하고 재산이 많은 자는 반드시 지조를 잃게 되고, 어리석고 재산이 많은 자는 큰 악행을 저지르게 됩니다. 또한 부자는 사람들의 증오의 대상이 됩니다."

　　소광이 말하듯, 사실 많은 부를 자식에게 남겨 준다는 것은 오히려 그 자손의 행복을, 행복할 수 있는 기회를 박탈해 버리는 것이다. 2013년 16세 소년 에단 카우치Ethan Couch가 마약 후 만취상태에서 음주운전을 하여 4명을 숨지게 한 사건이 있었다. 이 사건을 맡은 변호인은 이

소년이 어려서부터 백만장자 부모 슬하의 대저택에 살면서 자기 마음대로 하는 응석받이로 자랐고, 이에 옳고 그름을 판단할 능력이 없어졌으며 무력감과 도덕성 결여 증상을 보이고 있다고 했다. 이것은 일종의 병[부자병: '부자병'이란 영어로 'Affluenza'로서 Affluent(풍요로움)와 Influenza(독감)의 합성어이다]으로 형무소에 수감하기보다는 치료를 받게 해야 한다는 변론을 폈고, 이에 대해 법원은 10년 보호관찰처분(집행유예)을 내렸다. 이에 여론이 들끓었다. 그렇다면 어렸을 때부터 찢어지게 가난하게 자란 사람들도 옳고 그름을 가릴 도덕적 능력이 없으므로 실형을 면제받아야 한다. 그럼에도 불구하고 그들이 실형을 받는 것은 단지 자신을 변호해 줄 값비싼 변호사가 없다는 것 때문이 아니겠는가? 여하튼 그 소년은 집행유예기간 중 어머니와 함께 멕시코로 도망갔다가 2015년 12월 28일 붙잡혀 2년 실형과 보호관찰처분을 받았다. 이것은 '유전무죄, 무전유죄'의 대표적 사건이다.

내가 어렸을 때에는 정신병원(정신질환 치료병원)이라는 게 거의 없었다. 그러나 요즘은 정신병원이 넘쳐 난다. 소위 부국일수록 빌딩에는 정신병원이 가득하고 길거리에는 정신질환을 앓는 환자들이 넘쳐 난다. 술을 먹다 자기를 쳐다봤다고 흉기를 휘두르고, 차가 끼어들었다고 쇠망치를 날린다. 하물며 지나가다 그냥 짜증이 난다고 살인까지 저지른다. 세상은 정신질환 바이러스의 천국이다. 부를 향한 무진장한 탐욕! 이것이 병의 중요한 원인이 아닐까? 그런데도 왜 그 늪에서 벗어나지 못하는 것일까? 부귀가 곧 행복이라는 허상 속에서 살아가기 때문이다. 불타는 욕망을 끊지 못해서이다. 아무리 태산처럼 재물이 쌓여 있어도 인생의 행복을 더하지 못하는 것이거늘, 우리는 환상 속에서 늘 부족함을 느끼며 살아간다.

"부자들은 자기 몸을 괴롭혀 가면서 부지런히 일을 하여 재산을 쌓아 두지만, 결국 그 재산을 다 써 버리지 못한다"(『장자』 지락). 써 버리지도 못할 재산, 소비하지도 못할 재산이 무슨 의미가 있겠는가. 그런데도 우리는 무엇에 홀린 듯 앞날을 대비한다고 끊임없이 모으기만 하다가 써 보지도 못하고 세상을 뜨고 만다. 사실 물질의 양적 증대에 골몰하는 사람에게는 삶을 향유할 시간이 부족하다. 그러다 보니 재물은 많지만 정신적인 면에서는 극심한 결핍상태를 보인다. 그 결핍을 자꾸 재물로 채우려다 보니 터무니없는 과시욕, 소비욕에 빠져 무분별한 쾌락을 추구하며, 이에 삶은 점점 피폐해 간다. 그 이유는 무엇일까?

장자는 다음과 같이 말한다. "어떤 사람이 자기 그림자를 두려워하고 자기 발자국 소리를 싫어했다. 그는 이것들을 떨쳐 버리려고 달려가기 시작했다. 그러나 발을 떼면 뗄수록 발자국은 더욱 많아지고 아무리 빨리 달려도 그림자는 몸에서 떨어지지 않았다. 그래서 자기 걸음이 느려서 그런 줄 알고 쉬지도 않고 달리다가 마침내 탈진해서 쓰러져 죽고 말았다. 그저 그늘 속으로 들어가면 그림자가 사라지고, 그저 그 자리에 멈춰 서면 발자국 소리가 없어진다는 것을 그는 알지 못했다. 어리석음이란 이런 것이다!"(『장자』 어부). 슬픈 이야기이다. 우리 자신의 이야기이기에 더욱 슬프다. 그림자와 발자국 소리는 바로 '불행'을 상징한다. 우리 삶에 거머리처럼 붙어 깊게 팬 불행, 절대로 떨어지지 않을 듯 뒤에서 우리 목덜미를 움켜쥐고 놔주지 않는 불행, 바로 그것이다. 이것은 빛(부귀)을 바라보면 바라볼수록 깊은 음영을 그린다. 그 불행이 싫어서, 그 불행을 끊고자, 한 발 한 발 내딛지만 여전히 따라오는 불행의 그림자 앞에서 아연실색, 미친 듯 달려가는 모습, 지금 우리들의 모습이 아닐까! 불행을 벗어나 언젠가 손에 쥘 행복만을 고대하며 경쟁도 이겨 내고 굴욕도 참아 내며 달려왔건만! 기다리는 것은 '탈진한 죽음'이다. 부귀를 손에 넣으려 앞뒤 안 보고 질주하다 허무하게 죽어 가는 우리의 삶을 절묘한 우화로 비유하고 있다.

그냥 그 자리에 멈춰 서서 그늘 속으로 들어가는 일, 그것이 바로 장자가 말하는 '무위'이다. 무위야말로 탐욕과 불행을 떨쳐 버리는 유일의 방법이며, 우리가 추구해야 할 진정한 즐거움이다. "나는 무위야말로 진정한 즐거움이라고 여긴다. 그러나 세상에서는 그것을 크게 괴로운 것으로 여기고 있다"(『장자』 지락). 이것이 바로 그의 궁극의 답이다. 부귀영화를 좇는 것이 아니라 '무위'를 따르고 행하는 것이야말로 진정한 즐거움이고 우리가 추구해야 할 것이다. 뒤에서 자세히 논하겠지만, 무위란 인간 자의적인 것, 사회 속에서 암묵적으로 주입된 획일화되고 강요된 가치체계에서 벗어나, 자기 본래성에 의거하여 가치판단을 내리고 이에 근거하여 행동하는 것이다. 여기에서만이 인간의 진정한 '자유'가 비롯되고, 그 자유야말로 행복의 원천이다.

천금은 거금이고 재상은 높은 벼슬이오. 그런데 그대는 제사 지낼 때 제물로 바치는 소를 보지 못했소? 맛있는 음식을 몇 년 동안 먹이고, 좋은 옷을 입히지만 결국 태묘에 바쳐질 뿐이오. 그때가 되어 하찮은 돼지라도 되어서 살고 싶다 한들 이미 돌이킬 수가 없소. 어서 돌아가시오! 더러운 시궁창에서 노닐며 즐거워하는 게 낫소. 아무것에도 구속받지 않고 내 뜻대로 즐겁고 자유롭게 살고 싶소. (『사기』 노장신한열전, 『장자』 열어구에도 비슷한 말이 보임)

장자를 재상으로 초빙하기 위해 초나라 위왕이 보낸 사자에게 장자가 한 말이다. 이와 비슷한 상황은 『장자』 추수에도 보인다. 장자가 복수濮水에서 낚시를 하고 있는데 초나라 왕이 보낸 대부 두 사람이 장자를 찾아와 정사를 맡기고자 한다는 왕의 뜻을 전했다. 이에 장자는 말하길, "듣건대 귀국에는 신령스러운 거북이 있는데 죽은 지 이미 3000년이 되었다고 하더군요. 귀국의 대왕께서 그것을 어찌나 귀하게 여기시는지 항상 조심하고 공경하면서 비단에 싸서 상자에 넣은 채로 묘당 위에 보관하고 계신다던데, 사실입니까? 그렇다면 한 가지만 묻지요. 거북은 죽어서 뼈만 남긴 채로 부귀영화를 누리는 것을 바랐을까요, 아니면 살아서 진흙 속에서라도 꼬리를 끌고 다니는 것을 바랐을까요?" 여기서 비단에 싸여 상자에 들어 있는 거북은, 부귀영화에 빠져 '자유'를 상실한 채 그저 육신의 숨만 쉬고 있는 부유층을 의미한다. 나중에 태묘에 바쳐지더라도 기름진 음식과 비단옷을 입고 싶어 하는 사람들, 속박당하더라도 귀하게 대접받고 싶은 사람들! 많은 재물을 쌓아 놓고 진귀한 음식에 향기로운 술, 보석으로 치장한 옷을 입고 행복한 듯 살아가지만, 그것은 환각제에 마비되어 환락을 꿈꾸고 있는 것일 뿐, 실은 감옥에 갇혀 자유를 빼앗긴 수인囚人의 삶에 지나지 않는다. 훗날 그것을 알아차리고 눈물로 후회하면서 생명을 구걸해도 돌이킬 수 없는 일! 장자 본인이 왜 일국의 재상 자리를 마다하고 저자거리를 헤매는 자유를 택했는지 알 것 같다. 진정한 즐거움과 행복은 아무런 구속 없는 자유의 상태라고 확신했기 때문이었다. 부귀에 대한 욕망은 창살 없는 감옥이며 구속이다. 거기서는 자유를 빼앗기고 재물과 권력의 노예가 되어 버린다. '나'를 잃고, 자유를 잃고, 영어의 몸이 되는 것이다. "꿩은 열 걸음 걸어서야 겨우 한 입 쪼아 먹고, 백 걸음 걸어서야 겨우 물 한 모금 마시지만,

그렇다고 새장 속에서 길러지기를 바라지는 않는다"(『장자』 양생주)는 말에 보이듯, 장자가 부귀를 부정한 것은 그것이 인간의 '자유'를 구속하기 때문이었다. 바로 이 점에서 유가와 도가의 차이가 드러난다. 양자 모두 부귀가 초래하는 '탐욕성' 때문에 그것을 부정했지만, 그 탐욕이 인의 도덕적 삶을 훼손시키기 때문에 부정했던 것이 유가라면, 도가는 그것이 진정한 자유를 구속하기 때문에 부정한다. 장자가 추구하는 최고의 가치는 '자유'이다. 『장자』 제1편이 '소요유'로 시작되는 것만 봐도 알 수 있다. 그런데 그 자유의 가장 큰 마지막 걸림돌이 바로 재물욕이다. 장자가 그토록 강력하게 부귀를 부정했던 이유가 바로 이 때문이다.

> 나는 아무것도 바라지 않는다.
> 나는 아무것도 두려워하지 않는다.
> 나는 자유다.

언제 봐도 가슴 설레는 명문이다. 자기 묘비를 스스로 이렇게 새겼던 니코스 카잔차키스는 묘비명과 어울리는 자유의 바이블 『그리스인 조르바』를 썼다. 거기에 등장하는 '대장'도 결국 모든 재산을 잃은 뒤에야 비로소 조르바와 함께 해변에서 춤을 춘다. 춤이 상징하는 바는 (구속의 근원인) 인간 언어의 한계를 뛰어넘어 대자연과 하나 되는 진정한 자유를 의미한다. 언어로는 다가서지 못하는 우주의 심연과 그 비밀을 공유하는 수단인 것이다. '대장'은 그동안 조르바가 수차례나 춤을 가르쳐 주겠다고 청하였음에도 그냥 웃음으로 넘기며 거절했다. 그러나 결국 전 재산을 잃은 바로 그날 저녁, 오히려 조르바에게 춤을 가르쳐 달라고 먼저 청한다. 드디어 '대장'도 자유를 얻은 것이다. 장자가 말했던 자유 역시 재물에 대한 욕구를 모두 불사른 뒤 가벼운 몸이 되어 세상을 소요하는 데서 얻어지는 경지인 것이다. 이 자유를 철학의 화두로 가져온 것이 바로 도가였다.

> 확대경으로 음료수를 들여다보면(언젠가 기술자 하나가 가르쳐 줍디다)
> 물에는 육안으로 보이지 않는 쬐그만 벌레가 우글거린답니다. 보
> 고는 못 마시지…… 안 마시면 목이 마르지……. 두목, 확대경을
> 부숴 버려요. 그럼 벌레도 사라지고, 물도 마실 수 있고, 정신이
> 번쩍 들고![07]

'확대경'은 인간 인식의 고정 틀이며 노장이 말하는 '성심成心(마음속에 굳어진 선입견)'이다. 이것을 깨 버리는 것이 바로 노장이 말하는 '무위

---

07 니코스 카잔차키스, 『그리스인 조르바』, 이윤기 역, 열린책들, 2011, 175쪽.

자연'이며, 이를 통해서만이 자유의 길로 나아갈 수 있다.

송나라의 조상曹商이라는 자가 진나라에 사신으로 갔다. 갈 때는 수레가 몇 대뿐이었으나 돌아올 때는 진나라 왕이 수레 100대를 보태 주었다. 조상은 장자를 찾아가 이렇게 자랑했다. "어찌 이렇게 비좁고 지저분한 뒷골목에서 가난 때문에 신을 삼고 목덜미는 비쩍 마른 채 두 통으로 얼굴이 누렇게 뜬 꼴로 사시오. 나는 그렇게는 못 삽니다. 그보다는 만승의 천자를 깨우쳐 주고 100대의 수레를 받아 오는 일에는 능하지요." 이를 듣고 있던 장자가 답했다. "내가 듣기로 진나라 왕은 병이 나면 고름을 짜 주는 의원에게는 수레 한 대를 주고, 치질을 핥아 주는 의원에게는 수레 다섯 대를 준다고 하더군. 치료하는 곳이 더러우면 더러울수록 수레를 더 많이 준다는 것이지. 자네는 얼마나 더러운 치질을 핥아 주었기에 수레를 100대씩이나 받았는가? 냄새나니 어서 꺼져 버리게!"(『장자』 열어구). 부귀를 얻고 유지하기 위해서는 자유를 포기하고 남에게 의탁해, 굴욕을 감수하면서 스스로를 속박하는 삶을 살지 않을 수 없다. 그러나 권력에 빌붙어 취한 부귀는 더러운 냄새를 풀풀 풍기면서 결국 자신을 구속하고 망쳐 놓고는 허망하게 스러져 간다. '태산 같은 재물이라도 인생의 행복을 더하지는 못한다. 그대에게 재물은 무엇으로 보이는가? 그대 인생의 진짜 보물은 무엇인가?' 죽비가 벼락처럼 우리 어깨를 때린다. 우리 인생의 진짜 보물은 과연 무엇이란 말인가!

그런데 장자는 부만이 아니라 유교의 이른바 인의도 역시 탐욕이며 우리의 자유를 해치는 고정 틀이라고 단언한다. 유학자들이 부귀에 빠진 삶을 비웃으면서 고고하게 도덕적 삶을 추구하는 것 역시 실은 자기의 본래 성품을 어기고 탐욕에 빠져든 것이라고 보는 것이다. "소인은 재물에 죽고 살며, 군자는 명분에 죽고 산다. 추구하는 것은 비록 다르지만 모두 자기 본래의 덕성을 망가트리는 일임에는 동일하다"(『장자』도척). 부귀가 우리의 자유를 구속하듯, 인의 역시 거기에 집착하게 함으로써 우리의 본성을 왜곡하고 자유를 빼앗는다. 더구나 공자의 의도와는 달리 현실적 '예'의 대부분은 권력자들에 의해 결정되어 백성 위에 군림한다. 그 구조 속에서, 못 가지고 힘없는 자들은 '예'의 올무에 갇혀 평생 구속과 속박의 삶을 살아간다. 노자도 "위대한 도가 폐하자 인의가 있게 되고 이에 지혜가 출현하여 극심한 인위가 생겨났다"(『도덕경』 18장)고 유가의 인의를 평가절하하고 있으며, 불가에서도 참된 자유를 위해 "부처를 만나면 부처를 죽이고, 스승을 만나면 스승을 죽여라"라고 말한다(『임재록』).

　　도가 역시 사회 정의로서의 부의 분배를 주장한다. 단, 그것 역시 인간이 자의적으로 분배해서 이루는 것이 아니라, 자연의 무위에 맡겨야 한다고 본다. "자연의 도는 마치 활을 당기는 것 같구나! 높으면 눌러 주고 낮으면 들어 준다. 남는 것을 덜어 내고 부족한 것은 보태 준다. 자연의 도는 남는 것을 덜어서 부족한 것을 채우는데, 인간의 도는 그렇지 않다. 부족한 데서 덜어 내어 여유 있는 쪽을 봉양한다"(『도덕경』 77장).

3. 불교

유교, 도교와 더불어 동양 삼교 중 하나인 불교는 '부'에 관하여 어떤 입장을 취하고 있는지 살펴보자.

행복과 불행, 가난함과 부유함, 삶과 죽음, 이 모두가 무상한 것임을 자각하고 출가를 결심했던 붓다의 전기는, 불교 역시 '부'를 부정적으로 보고 있음을 말해 준다. 불교는 또 무슨 연유로 부를 부정했는가.

붓다에 의하면, 세상의 참된 모습은 인과 연의 임시적인 결합에 의해서 생겨나는 것이며, 지속되는 독자적 존재는 없다. 삼라만상은 모두 실체 없이 유동하는 인연의 결합물이다. 이것이 불교의 연기설緣起設이다. 이에 대해서는 뒤에서 자세히 논할 것이다.

인간의 모든 번뇌는 어디서 생겨나는가? 원래 세상의 모든 것은 공空한 것이다. 말하자면 실체가 없는 인과 연의 유동에 의한 찰나적 결합물인데, 그것을 지속적으로 자존하는 실체로 잘못 알고 있는 데서 집착이 생겨난다. 거기에서 번뇌가 생기고, 그곳에서 번민이 나온다. 그러므로 공의 실상을 인식하고 그 집착을 완전히 내려놓으라는 것이 불교의 가르침이다.

연기의 세계에서 '부'는 당연히 무상無常한 것이다. 따라서 불교는 무소유를 주장하면서 "재물욕과 여색에서 비롯되는 재앙이 독사보다 심하다(財色之禍, 甚於毒蛇)"고 재물욕을 부정하고 있다. 사실 불교를 비롯한 종교는 내세를 중시하는 특성상 기본적으로 속세에서의 부를 가벼이 볼 수밖에 없다. 그러나 의외로 종교의 교리에서 세속의 부를 강하게 질타하는 주장은 찾아보기 힘들다. 사실 서구 기독교 사원이나 동양의 불교 사원은 (지금도 그렇지만) 과거 상당한 재산을 가지고 있었다. 세금도 없을 뿐 아니라 정치적 · 경제적 세력가가 세상을 떠나면서 자신의 내세를 기탁하기 위해 많은 돈을 헌납하기 때문이다. 또한 사원 유지와 전도활동이 금전적 보시에 상당 부분 의존하기 때문에 후원자인 부자를 비난하기 어려운 구조를 갖고 있기도 하다. 이에 그들은 무탐 · 무욕을 주장하면서도 축재를 완전히 부정하지는 않는다. 예수가 하늘나라는 가난한 자들의 것이며 "부자가 천국에 들어가기는 낙타가 바늘구멍 들어가는 것만큼 어렵다"고 했음에도 불구하고 프로테스탄티즘에서는 물질축복을 성실한 신앙에 대한 하나님의 응답이라고 주장하고 있는 데서도 이를 알 수 있다.

따라서 불교는 물질적 부를 적대시하기보다는 해탈을 방해하는 것은 부 자체가 아니라 부에 대한 집착에 있다고 본다. 이에 지극한 간소簡素의 정신을 주장하고, 적은 물질적 수단으로도 충분한 만족을 얻으려는 노력을 통해 부에 대한 탐욕에서 벗어나려고 한다. 즉 불교 내에서의 일상적 노동을 수행 과정으로 봄으로써 출가자들의 노동을 장려하고, 소비는 극단적으로 줄임으로써 세속적 부에 대한 경도를 극복하고자 하는 것이다.[08] 스님은 옷 세 벌과 발우(밥그릇) 한 개(三衣一鉢)면 족하다고 하지 않던가!

불교는 특히 재가자의 부의 축적에 관해서 다른 종교보다 훨씬 관대한 입장을 취한다. 재물에 대한 집착과 그에 따른 타락을 경계하면서도, 자유로운 경제활동에 전념하는 것을 미덕으로 간주할 뿐 아니라, 노력하여 재산을 증식할 것을 장려하기도 한다. 나아가 재물이 복을 얻는 수단의 하나임을 강조하기도 한다. 예를 들어 『증일아함경增壹阿含經』에서는 복을 얻는 중요한 요소로 믿음과 불행佛行 그리고 부를 들고 있으며, 『불설장아함경佛說長阿含經』에서는 다음과 같이 말하고 있다.

재물을 쌓되 적은 데서 시작하라. 마치 부지런히 꿀을 모으는 벌처럼 재물이 날로 불어나 마침내 줄거나 소모됨이 없으리라. 첫

---

08   E. F. 슈마허, 『작은 것이 아름답다』(이상호 역, 문예출판사, 2002), 제4장 불교 경제학 참조.

째는 먹음에 족함을 알고, 둘째는 일함에 태만하지 말 것이며, 셋째는 먼저 모으고 축적하여 구차할 때를 준비하고, 넷째는 밭 갈고 장사하며 목장을 만들어 짐승을 키우고, 다섯째는 마땅히 탑묘塔廟를 세울 것이며, 여섯째는 절의 방사房舍를 일으켜라. 이렇게 여섯 가지 업을 행하는 사람은 재물이 줄어들지 않고 날로 불어나 마침내 바다가 온갖 물을 머금는 것같이 되리라.

물론 부는 정당한 방법으로 모아야만 복을 불러오는 것이지 방탕한 부의 축적은 오히려 재앙을 불러온다. 『중아함경』에서는 놀이 삼아 재물을 모은다거나 때가 아닐 때 구하는 것, 술이나 도박 등 방탕한 생활 또는 나쁜 동료들과 어울리며 부를 구하는 것, 풍류 삼아 모으거나, 게으르면서 재물을 구하는 것에 대해 강하게 금지하고 있다. 불교에서 인정하는 통상적인 재물 축적의 방법은 농업, 상업, 목축업, 임대업, 건축업, 목공 등인데, 이러한 일을 열심히 수행하면서 지혜로 재물을 구한다면 "밤낮으로 재물 불어나는 것이 마치 개미가 흙더미 쌓는 것과 같이 될 것"(『잡아함경』)이라고 한다. 그리고 이렇게 모은 돈에 집착하여 쓰지 않고 쌓아만 놓거나 인색한 데 대해서도 부정적 입장을 취한다.

선남자(부처의 가르침을 믿고 선행을 닦는 사람)가 재물이 풍부하면서도 그것을 쓰지 않으면 사람들은 그를 어리석은 사람이며 굶어 죽는 개와 같다고 비난할 것이다. 그러므로 선남자는 가진 재물을 잘 헤아려 수입과 지출을 알맞게 해야 한다. (『잡아함경』)

그렇다면 모은 재산을 어떻게 써야 할까? 다시 말해 부를 모으는 목적은 무엇일까?

재물을 얻으면 자신을 위해 즐거이 쓰고, 부모를 공양하고 처자와 친척과 권속을 돌보며 종들을 가엾이 여겨 돕고 여러 벗들에게 보시하라. 그리고 때로 사문이나 바라문에게 공양하여 훌륭한 복전을 만들어라. 그러면 미래에 천상에 태어나거나, 많은 재물을 얻어 (보시한 것보다) 몇 배나 큰 이익을 얻게 될 것이라. (『잡아함경』)

가족과 친지 그리고 힘들고 가난한 자들을 도와주고 재난에 대비하기 위해서 부는 필요하다. 그러나 부를 축재하는 가장 중요한 이유는 수행자를 공양하는 데 있다. 수행에만 정진하는 수행자는 경제적 여유가 없으므로 물론 도와줘야 하지만, 보다 중요한 이유는 그들을 통해 가난하고 약한 자들을 구원할 수 있기 때문이다. 수행자 공양은 사실 중생 공양에 다름 아닌 것이다. 보시는 자신에게 복으로 돌아오기 때문에 보시의 대상이 되는 사람을 '복전福田'이라고 하는데, 불교에 귀의하여 부처님 말씀을 따르고 이의 전도에 힘쓰는 사람들이 가장 좋은 복전인 것이다. 『증지부增支部』에서는 부의 목적을 다음과 같이 말하고 있다.

> 첫째, 부모와 아내와 자식과 하인과 일꾼과 남들을 즐겁고 행복하게 하기 위해서이다.
>
> 둘째, 친구와 동료를 즐겁고 행복하게 하기 위해서이다.
>
> 셋째, 정치적 재난, 수재나 화재와 같은 자연적 재난, 도둑이나 전쟁에 의한 인위적 재난, 유산의 상속 등에 대비하기 위해서이다.
>
> 넷째, 친족과 손님과 국가와 조상과 자신이 신봉하는 종교에 대한 의무를 수행하기 위해서이다.
>
> 다섯째, 인내와 겸손으로 진리를 성취한 성자들을 공양하기 위해서이다.[09]

또한 부처는 『연도속업경演道俗業經』에서 부자를 상·중·하 세 부류로 나누어 다음과 같이 언급하고 있다.

---

[09] 정승석, 『차 한잔을 마시며 나누는 불교교리』, 민족사, 1998, 320쪽 이하 참조.

첫째, 재물을 긁어모으면서 절대로 사용하지 않는 자로 이를 하재下財라 한다. 이들은 부모 봉양도, 수행자 공양도 하지 않는다.

둘째, 지성으로 부모와 처자를 봉양하고 손님과 권속을 정으로 돌보는 자로 이를 중재中財라 한다. 이들은 선을 행하고 은혜를 베풀면서 뒷날의 복을 바라지는 않으나 성자나 수행자를 공경(공양)하지는 않는다.

셋째, 부모에게 효순하고 규범을 잘 지키며 가난한 자와 못난 자를 돌보아 주고, 성자나 수행자를 공경하면서 재산을 베푸는 자로 이를 상재上財라 한다. 이들은 세상에서 더 견줄 데 없는 대장부(정도를 지키는 무욕의 보살을 말함)이다.[10]

결국 정당한 방법에 의해 축적한 부를 인정하고, 나아가 그 부를 주위 사람들이나 종교 관련자에게 보시(기부)하는 것에 최고의 가치를 부여하고 있다. 앞서 베버의 '자본주의 정신'에서도 살펴보았듯, 불교에서도 보시는 재산 축적의 목적을 실현하는 최고의 미덕이다. 따라서 "어떤 사람들은 궁핍한 중에도 베풀고, 어떤 사람들은 부유하면서도 베풀지 않는다. 궁핍한 중에 베푼 물건은 천금千金과 동일한 가치를 지닌

---

10 정승석, 앞의 책, 320쪽 이하 참조.

다"(『상응부』)고 보시의 중요성을 주장한다. 그러나 주목할 것은 무조건
적 보시를 권하지는 않는다는 점이다. 다시 말해 자신의 수입과 지출을
잘 따져 보고 수입이 지출보다 많을 때 그 여윳돈으로 보시할 것을 권장
한다. 더구나 "보시하는 자가 그 양을 알지 못하면 보시를 받는 자가 마
땅히 그 양을 알아야 한다"(『십송율十誦律』)는 말에서 알 수 있듯, 보시를 받
는 사람도 지나친 보시를 받아서는 안 된다고 역설한다. 그런데 여기서
간과하지 말아야 할 것은, 보시 중의 보시, 최고의 보시는 역시 어리석
은 자들에게 깨달음을 주는 '법보시'라는 사실이다.

　붓다는 부에 대한 태도에 따라 인간을 세 유형으로 나눈다.

　　첫째, 눈 먼 자는 어떻게 부를 획득하고 축적하는지 모르는 데다
　　　도덕적으로는 선악을 구별할 줄 모른다.
　　둘째, 외눈인 자는 재물에 대한 눈만 가지고 있어서 부를 획득하
　　　고 축적하는 것은 알지만 도덕적인 혜안이 없기에 결국 부에
　　　얽매이고 만다.
　　셋째, 두 눈을 가진 자는 재물에 대한 눈과 더불어 도덕적인 혜안
　　　도 지녔기에 재물과 덕을 겸비하고 있다.[11]

11　루신화, 『부의 본심』, 이유진 역, 중앙M&B, 2013, 244-245쪽.

이렇게 볼 때, 무소유를 주장하는 불교는 기본적으로는 '부'에 대한 집착과 탐욕을 경계하면서도, '보시'를 전제로 한 (재가자의) 정당한 부의 획득과 축적을 부정하지는 않는다. 타 종교에 비해 재물에 매우 유연한 입장을 취하고 있음을 알 수 있다.

이상, 동아시아를 이끌어 온 삼교, 즉 유교, 도교, 불교의 '부'에 대한 관점을 간단히 살펴보았다. 정도의 차이는 있지만 모두 '부'에 부정적 입장을 보였는데, 그것은 재물이 초래하는 탐욕 때문이었다. 그래서 그들은 "리利를 보면 의義를 생각하라"(『논어』 자장), "군자는 의로움에 밝고, 소인은 이익에 밝다"(『논어』 이인), "학문을 하지도 않고 정의도 따르지 않으며, 부와 이익만을 존중하는 것은 속인이다"(『순자』 유효)라는 말에서 보이듯, 리利를 멀리하라고 가르친다. 그것이 탐욕의 관문이라고 생각했기 때문이다. 특히 주희는 리에 조금이라도 발을 담그면 바로 탐욕에 빠져든다고 하면서 "존천리거인욕存天理去人欲(천리를 간직하고 인욕을 제거하라)"이라는 강력한 도덕주의를 주장한다. 위에서 살펴보았듯 도가나 불교도 기본적으로 이런 입장을 고수한다. 단, 불교는 재가자의 경우에 한해서는 '부'에 유연한 입장을 보여, 보시를 위한 부의 축적에는 상당히 긍정적이다. 물론 쌓아 두고 과시하기 위한, 또는 자신만을 위한 부의 축적은 '탐욕'이라는 점에서 강하게 비판하고 있다.

그런데 이들과 달리 리利의 추구를 옹호한 학파나, 직접 부의 축재를 주장한 사상가가 있으며, 유, 불, 도 사상을 받아들여 독특한 상업관을 제시한 자도 있다. 이러한 관점에 대하여 알아보기로 한다.

4. 기타

묵적墨翟(묵자라 불림, 기원전 468-376?)을 개조로 하는 묵가는 여러 부분에서 유교적 가치와 대립하는데, 여기서는 부에 대한 견해를 중심으로 살펴보기로 한다.

유가에서는 인간에게 내재된 덕성으로서의 인仁이 있고, 그것이 사회적 맥락 안에서 실천될 때 의義라고 규정한다. 그러나 묵자는 '의義'란 유가에서 말하듯 도덕적인 것이 아니라, 인간에게 현실적인 이로움(利)을 가져다주는 것이어야 한다고 생각했다. 그리고 이러한 생각에 근거하여 "의義란 리利이다. … 의義는 사람을 이롭게 하는 것이다"(『묵자』경설상)라고 간결하게 정의한다. 천명에 의한 도덕성에 기반한 것이 아니라, 사람들에게 이로움(이익)을 가져다주는가 그렇지 않은가로 의義의 기준을 삼고자 한 것이다. 매우 현실적인 생각이며, 먼 훗날의 서구 공리주의와 비슷한 발상이다. 물론 그 전개방식이나 세세한 부분에 있어서는 차이가 나지만, 여하튼 인간에게 이로움을 가져다주는 것이야말로 '옳은 것'이라는 생각에서는 궤를 같이한다고 생각된다. 특히 "공功은 백성들을 이롭게 하는 것이다"(『묵자』 경설상)라는 문장을 보면 기본적 발상이 공리주의와 흡사하다고 하지 않을 수 없다. 묵자는 그 리를 중대시키기 위해서는 서로 사랑하는 '겸애兼愛'를 실천해야 한다고 본다. 겸애란 관계의 친소 여부를 떠나 만민을 함께 사랑한다는 뜻으로, 이를 통해 전쟁을 비롯한 많은 사회적 갈등이 제거될 수 있고 이는 곧 부국의 첩경이라고 생각했기 때문이다.

묵자는 당시의 혼란을 강자가 약자를 공격하고 다수가 소수를 압박하며, 부자가 빈자를 속이고 고귀한 자들이 비천한 자들을 깔보며, 영악한 자들이 어리석은 자들을 속이는 약육강식의 시대가 초래한 결과라고 규정했다. 그리고 그 원인이 사람들이 서로 사랑하지 않는 것, 다시 말해 자기만을 ─또는 자기 주변을 우선적으로─ 사랑하는 데서 온다고 보았다. 유교의 인은 '자기를 우선 사랑하는' 별애別愛(차별적 사랑)인 반면, '서로 사랑한다'는 겸애는 자신을 사랑하듯 동시에 그리고 동등하게 남을 사랑하는 것이고, 자신의 가족·국가를 사랑하듯 남의 가족·국가를 사랑하는 것이다. 다만 사랑해야 하는 이유를 그는 도덕적 가치에 두는 것이 아니라 그것이 서로에게 이득을 가져다준다는 논리로 설명하여 '겸상애兼相愛, 교상리交相利(서로 사랑하면 서로에게 이익을 가져다준다)'를 주장한다. 겸애의 효용을 '내가 남을 사랑하면, 그도 나를 사랑하게 되어 결국은 서로를 이롭게 한다'는 데 있다고 본 것이다.

> 지금 천하의 군자들이 충심으로 천하의 부를 바라고 가난한 것을 싫어하며, 천하가 다스려지는 것을 바라고 어지러워지는 것을 싫어한다면 마땅히 모두가 서로 사랑하고 서로 이롭게 하여야 한다. 이것은 성왕의 법도요 천하를 다스리는 도리이니 힘써 실행하지 않으면 안 되는 것이다. (『묵자』 겸애중)

그러나 유가에서는 이러한 사랑은 인간의 능력을 넘어서는 것으로 보았다. 물론 유가도 모든 사람을 사랑하는 만물일체로서의 대동大同의 세계를 꿈꾼다. 그러나 먼저 나와 가족을 사랑하는 마음을 자각하고 그 마음을 주변으로 넓혀 가는 방식이 아니고서는 대동의 세계를 이룰 수 없다고 생각했다. 이에 반해 묵가는 처음부터 나와 남을 구별하기 시작하면 종내 그 구별의 틀을 벗어나지 못하고 이기적인 사랑에 빠질 수밖에 없다고 본다. 다시 말해, 유가에서는 자기를 사랑하고 그 마음을 넓혀 남을 사랑하는 데로 나아갈 것을 주장하지만, 이는 결국 자기에게 묶여 타인을 향한 사랑으로 확장될 수 없다고 본 것이다. 혹 타인을 사랑하는 데로 나아간다 해도, 자기 사랑이 우선인 한 늘 나와 타자 간의 갈등은 남아 있을 수밖에 없다고 본다.

"자기 집 어른을 공경하여 그 마음을 남의 집 어른을 공경하는 데까지 미치게 하고, 자기 집 아이를 사랑하여 그 마음을 남의 집 아이를 사랑하는 데까지 미치게 합니다"(『맹자』 양혜왕상)라는 유가의 주장과 "다른 나라를 자신의 나라처럼 보고, 다른 가문을 자기 가문처럼 보며, 남을 제 몸처럼 보아야 한다"(『묵자』 겸애중)는 묵가의 주장을 비교해 보면 그 차이를 잘 알 수 있다.

그러나 여기서 묵자가 놓친 점이 있는 것 같다. 타인을 사랑하지 않는 것은 그 타인보다 자신을 사랑해서가 아니라, 자신을 사랑하지 못하기 때문이다. '사랑'이라는 가치에 무감각하기 때문인 것이다. 스스로를 진정 사랑함으로써 그 가치를 자각한 사람은 자연히 남도 사랑할 수밖에 없다. 타인을 이해하고 포용하며 아껴 주는 삶을 살지 않을 수 없는 것이다. 공자가 주장했던 인仁은 바로 이것을 지적한 것이었다.

또한 묵자는 유가의 '부귀재천설'은 '명命이 정해져 있어서, 부자가 될 사람은 부자가 되고, 가난하게 될 사람은 가난하게 된다'는 '운명설'임을 강조하고, 이에 반대하면서 "정의를 지키면 부유해지고, 정의를 지키지 않으면 가난해진다"고 주장한다. 그리고 그 양자를 이어 주는 것이 초월적이고 인격적인 천의 의지, 즉 천지天志라고 본다. 이러한 사고는 천天을 인격적인 것으로 볼 때 비로소 가능한 것이다. 천에서 인격성을 탈각시킨 유가에서는 앞서 말했듯 정의와 부의 연동을 부정한다. 그렇다고 유가의 '부귀재천'이 필연적 운명을 뜻하는 것은 아니다. 그것은 부귀가 인간의 의지와는 무관함을 말하고자 했을 뿐이다. 거기에는 앞서 말했듯, 부가 곧 행복이 아니라, 정의와 행복이 연동된다는 생각이 깔려 있다.

　　묵가는 한때 천하를 풍미하였지만 오래 유지되지는 못하였다. 그 이유는 사람들의 물질적 욕구만 강조하고 정신적 욕구는 경시했으며, 경제적 이익만 충족시키면 정치·도덕·예술은 문제 될 것이 없다고 여겼기 때문이다. 그래서 전제적 정치체제를 주장하고, 사치스럽고 비실용적이라는 이유로 의례와 음악을 철폐하고자 했다. 그러나 인간은 물질적 욕구를 충족하는 것만으로 만족하는 존재가 아니다. 그들에게는 정신적 욕구 또한 크게 작용하고 있는 것이다.

　　비록 묵자가 리利를 주장했다고는 하지만, 부에 대한 사적 욕망이나 '부'의 축적을 긍정적으로 보지는 않았다. 그가 말하는 '리'는 생활상의 편의(유용성) 또는 '국부'이지 개인적 '부'는 아니었던 것이다. 그런데 직접 '부'의 축적을 주장한 이가 있다. 사마천이 바로 그 사람이다. 그러한 사마천을 이해하기 위해서는 관중管仲(?-기원전 645)을 이야기하지 않을 수 없다. 사마천은 그의 사상, 특히 부에 관한 그의 사상을 고스란히 이어받고 있기 때문이다.

농사는 태양과 대지(天地)에 사람(人)이 참여해 천-지-인의 협력으로 식량을 생산하는 작업이다. 가장 정직한 생산양식으로 거기에는 어떤 술수도 기만도 끼어들 여지가 없다. 자연 조건과 그 자연의 때에 맞추어 성실히 일하는 것만이 수확의 많고 적음을 결정한다. 인의도덕을 중시한 유가가 국가 이데올로기로 등장하면서 농본국가를 지향한 이유가 여기에 있다. 상업은 이윤을 따라 움직인다는 점에서 유가적 가치와 어울리지 않았던 것이다. 그러나 여기에는 또 다른 중요한 이유가 있다. 농업은 국가 통제가 용이함에 반해 상업은 그게 어렵다는 점이다. 정지되어 있는 토지와 거기에 붙박여 있는 사람들, 정확히 계산되는 산출량, 얼마나 통제하기 쉬운가! 이에 반해 상업은 상품이건 사람이건 늘 유동한다. 게다가 무역상 간의 농간은 물론 밀수와 암거래가 횡행하지만 그것을 통제하기가 여간 어렵지 않다 ― 이는 오늘날까지도 변함이 없다. 더구나 자칫 상업을 장려했다가는 가뜩이나 풍흉년이 반복되어 생계의 안정성이 떨어지는 농업보다, 안정적이면서도 고수입을 보장하는 상업으로 사람들이 몰려들 것이며, 전국을 속속들이 장악할 수 없었던 당시 정부의 능력으로 볼 때 이는 위험한 일이었다. 이런 이유들로 해서 농업을 장려하고 농업이 국가의 근본임을 강력히 주장했던 것이다.

그런데 관중은 일찍이 ―아마도 중국 최초로― 상업을 통한 부국

강병을 주장하였다. 그는 정부가 곡물가를 조절하여 ―풍년이 들면 싼 값에 사들이고, 흉년이 들면 (사들인 값보다) 비싼 값에 팔아 농민에게도 유익하고 국가 재정에도 유익하게 함― 재정을 안정시켜야 함은 물론, 소금과 철 등을 국가가 독점함으로써 국가 재정을 부유하게 해야 한다고 주장하였다. 국부를 위해서는 농사의 때를 잃지 않아야 한다고만 말하던 시절, 그는 상업과 무역은 물론 사, 농, 공, 상을 각각 같은 지역에 모여 살게 하여 특화시킴으로써 노동생산성을 극대화시키는 획기적인 방법을 창안하였고, 실제로 이러한 방법을 통해 약소국이었던 제나라를 최강국으로 만들어 놓았다. 사마천은 바로 이 관중의 사상을 그대로 답습하였다.

　　사마천이 『사기』를 쓸 당시(한나라 초)에는 국가적으로 상업을 중시했으며, 아직 유교가 확실한 기반을 잡지 못한 시기였다. 진을 정벌하고 세워진 한나라는, 중형주의를 택하여 강력한 형벌로 통치했던 진나라를 반면교사로 삼아 초기에는 황로사상으로 다스렸다. 황로사상은 제나라의 직하학파를 중심으로 한 도가 전승의 한 유파로, 노자의 자연철학을 통치자의 지배술로 해석하여 노자사상을 현실정치에 응용한 사상이었다. 이후 어느 정도 국가의 체계가 잡히고 안정기에 접어들자, 국가 기강과 질서를 확립할 필요에 응하여 한무제는 '삼강三綱'으로 유명한 동중서의 건의로 유교를 받아들인다. 한초에는 아직 지방 호족이 강건했고, 북방 이민족인 흉노도 강력하여 많은 지역이 중앙권력에 예속되지 않고 여전히 지방자치제로 남아 있었다. 이에 무제는 흉노와 호족을 아우르고 강력한 중앙집권제를 시행하려 했고, 이때 동중서의 유가를 받아들여 개혁을 꾀했던 것이다. 이 과도기를 살았던 사마천의 아버지 사마담은 황로도가의 신봉자였다. 그에 관한 자료는 거의 남아 있지 않지만『사기』의 '논육가요지'를 보면 그가 황로도가 계열의 학자였음을 알 수 있다. 이 때문에 새로운 혁신을 꾀하던 한무제의 눈 밖에 나 화병으로 세상을 떠나게 된다.

사마천은 아버지의 일도 있고 해서 겉으로는 유학을 신봉하는 듯하지만 그의 논조를 자세히 들여다보면 사실 유가적 사고와는 일정한 거리를 두고 있으며, 특히 인간관을 비롯한 일부 사상은 오히려 법가적 사고에 가까웠다. 사마천 이후 얼마 지나지 않아 유교국가로서의 틀이 잡힘에 따라, 리利를 중시하는 상인을 경시하고 부에 민감한 사람들을 천하게 보는 시각이 공고해진다. 따라서 당시에는 재물 축적을 긍정했던 사마천의 '화식열전'이 유학자들로부터 격렬한 비판을 받았다. 그러나 현대에 들어오면 상황이 일전하여『사기』의 백미로 부각된다. 그러면 '화식열전'을 중심으로 사마천의 '부'에 관한 입장을 알아보자.

사람의 눈은 아름다운 것을 보려 하고, 사람의 귀는 좋은 소리를 들으려 하며, 사람의 입은 맛있는 것을 먹으려 하고, 사람의 몸은 즐거움에 빠지려 한다. (게다가) 사람의 마음은 모든 것을 소유하려고 하면서 타인에게 군림하려 한다. 노자나 공자 같은 성인이 아무리 훌륭한 논리로 설득하려 해도 감화되지 않는 것은 인간 마음속에 있는 욕구 때문이다. 그래서 최선의 지도자는 백성 마음에 따라 다스리고, 차선의 지도자는 이익을 미끼로 다스리고, 그다음 지도자는 헛된 도덕으로 백성을 설교하고, 최악의 위정자는 백성과 싸우려고 한다. (『사기』화식열전)

"어진 사람이 묘당에서 도모하고 조정에서 논의하며 신의를 지켜 절개에 죽는 것, … 그것은 모두 부귀로 귀착된다. 부라는 것은 사람의 타고난 본성이라 배우지 않아도 누구나 얻고 싶어 한다"는 그의 말에서 알 수 있듯, 인간의 모든 행위는 자신의 경제적 이익에 따라 움직인다고 생각했던 사마천은, 인간 욕구에 대한 조절과 통제를 주장하고 그것을 정치의 요체로 삼았던 유가와는 달리 인간의 현실적 욕구 그대로를 채워 주는 정치를 주장한다. 여기서 그가 말하는 욕구란 경제적 욕구 즉 '부해지려는 욕구, 리利를 추구하는 욕구'를 말한다. 사마천은 인간의 모든 행동의 동기는 리利를 추구함에 있다는 지극히 현실적 사실 위에서 사고했다. 동시에 그에게는 부를 거머쥐는 것이 인간의 행복이기도 하였다. 이에 "천하의 모든 사람들은 리利로 얽히고설켜 있다"고 보고, 적진에 뛰어들어 적장의 목을 베는 용기나, 강도·협박질, 나아가 미모를 가꾸는 여인의 마음도 모두 부를 좇기 위한 것이라 규정한다. 순자나 법가 역시 부귀에 대한 욕구를 인간의 본성으로 본다. 다만 순자는 그러한 인간의 본성이 인간관계에서 갈등을 일으킬 수밖에 없음을 간파하고, 유교적 예에 의하여 거친 본성을 사회에 동화하게끔 다듬어 주어야 한다고 생각했다. 법가는 그러한 본성을 이용하여 상벌을 수단으로 하는 법에 의한 통치를 주장한다. 이에 반해 사마천은 그러한 욕구를 통제하기보다 육성시키고 채워 주는 것이 위정자의 임무라고 여겼다. 인간의 본성에서 우러나오는 욕구를 외면하고 인의만을 외치는 것은 매우 잘못된 일이다.

> 만일 집이 가난하고 어버이는 늙고 처자식은 어리며, 철따라 조
> 상에게 제사를 올리지 못하고, 가족이 모여 음식을 먹지 못하며,
> 옷을 입고 사람들과 어울리기 어려워 친척과 친구들에게 신세를
> 지면서도 이러한 것을 부끄러워할 줄 모른다면 더할 나위 없이
> 못난 사람이다. … 오랫동안 가난하고 천하게 살며 인의만을 말
> 하는 것은 매우 부끄러운 일이다. (『사기』화식열전)

앞서 언급했던 공자의 '안빈낙도'와 대비되는 생각이다. 일상생활을 잘 영위하지도 못하면서 인의만을 즐기려는 것은 부끄러운 짓임을 강력히 주장하고 있다. "곳간이 가득 차야 예절을 알고 의식衣食이 풍족해야 영욕을 알며, 곳간이 비고 의식이 피폐하면 예절과 신의와 염치가 풀어져 나라가 무너진다. … 예라는 것은 (재산이) 있는 데서 생겨나고 없는 데서는 사라진다"는 것이 그의 생각이다. 그러면 부귀에 대한 욕구를 어떻게 채울 수 있을까?

"빈부의 도란 빼앗거나 안겨 주어서 되는 게 아니고 그 사람의 재능에 달린 것이다. 교묘한 재주가 있는 사람은 부유해지고 모자라는 사람은 가난한 것이다." 공자 또는 일반적인 유학자들과 달리, 그는 부귀가 하늘에 달려 있는 것이 아니고, 인간의 능력에 좌우되는 것임을 분명히 언급하고 있다. 물론 여기서 말하는 '교묘한 재주'란, "(부자는) 모두 사물의 이치를 헤아려 행동하고, 시세 변화를 살펴 그 이익을 얻고, 상업으로 재물을 쌓고 농업으로 부를 지켰다"는 말에서 알 수 있듯, 국내의 사정을 꿰뚫고 상품을 지역의 차이에 맞추어 적절히 배분(국내무역)하는 능력을 말한다.

"리利에 앞서 의義를 생각하라"고 했던 공자는 인간의 완성을 향한 도정에 골몰한 군자는 부(재물)에 눈을 돌릴 여유가 없다고 보았으나, 극히 현실적 인간관을 갖고 있던 사마천은 상업에 의한 부의 획득을 강력하게 권하고 있다. 이것은 관중의 영향이라고 할 수 있다. 그런데 그는 여기서 한 발 더 나아가 다음과 같이 말한다. "무덤을 파서 보물을 훔치는 것은 나쁜 일이지만 전숙田叔은 그것을 발판으로 하여 일어났다. 도박은 나쁜 일이지만 환발桓發은 그것으로 부자가 되었다"며, "치부에는 일정한 직업이 없고, 재물에는 정해진 주인이 없다"고 역설한다. 재능이 있어 재물을 모으면 왕후장상과 다를 바 없는 즐거움을 누릴 수 있다고 본 그는, 부가 곧 권력이고, 권력이 행복의 열쇠라고 생각했다. 더구나 "재력이 없는 자는 노동을 하고, 재력이 다소 있는 자는 지혜로 재산을 증식하고, 재산이 풍부한 자는 기회를 보아 더 많은 재산을 소유하는 것이다"라는 그의 말을 보면 지금의 자본주의적 사고와 흡사하다는 생각도 든다. 단, 군자라면 부를 획득한 이후에는 덕을 행하고 그 부를 빈자들에게 베풀어야 한다고 생각했다. '부'에 대한 사마천식의 사고는 유교가 국가의 지배이념의 위치에 선 후 적어도 표면적으로는 사라졌다가 먼 훗날 실학자들의 등장과 함께 다시 부각된다.

일부에서는 사마천의 이와 같은 생각을 당시의 사회상, 즉 상업을 중시했던 사회의 영향으로 돌리기도 한다. 그러나 상업을 중시한다고 해서 모두 이익만을 중시한다거나, "리利를 보면 의義를 생각하라"는 유교적 정신을 멀리하고 재화 축적을 주장하는 것은 아니다. 상업도 충분히 도덕 안에서 이루어질 수 있고, 또 그래야만 한다고 본 자들이 있다. 유교적 가치에 입각한 상매매를 지향했던 중국의 '유상儒商'이 그들이었다. 또한 일본의 이시다 바이간石田梅岩(1685-1744)은 유, 불, 도 삼교의 가르침을 모두 자신의 상업 정신에 받아들여 독특한 죠닌철학(죠닌町人은 상인을 말함)을 주창하고 '세키몬심학石門心學'이라는 일가를 이룬다. 이에 그의 사상을 살펴보면서, 상업에 유교적 도덕이 어떻게 실천적으로 활용되는가를 알아보기로 한다. 이시다 바이간은 일본에서 상업에 관심을 갖고 '상인윤리'를 가장 깊이 있게 다룬 자이기도 하지만, 이윤추구 행위의 정당성을 본격적으로 의미 있게 제시한 인물이며, 나아가 그가 공동체 윤리 속에서 정초하려 했던 '이윤추구의 정당성'은 '이타적 경제학'에로의 전환에 많은 참고가 되리라 기대하기 때문이다.[12]

그런데 이시다 바이간과 관련하여 반드시 언급해야 할 인물이 있으니 스즈키 쇼산鈴木正三(1579-1655)이라는 인물이다. 쇼산은 본래 무사로, 유명한 세키가하라關ヶ原 전투에서 혁혁한 공을 세우기도 했지만, 이후 깨달은 바 있어 42세에 출가한 뒤 61세 때 견성하였다고 전해진다. 그는 우주의 본질을 '일불一佛'로 보고 각 개인의 마음에도 그 일불이 자리하고 있음을 주장한다. 인간의 삶은 이 일불을 따르는 삶이어야 한다.

---

12 졸고 「이시다 바이간(石田梅岩)의 상인철학─이윤추구의 정당성 확립」(『양명학』31, 2012)에서 일부 발췌한 것임을 밝혀 둔다.

그러나 통상 인간들은 삼독三毒[탐食(탐욕), 진瞋(성냄), 치痴(진리에 대한 무지)]의 병에 걸려 우주의 본질인 일불을 따르는 삶을 영위할 수 없다. 내면에 있는 불심대로 살기 위해서는 수행 즉 불행佛行을 행하여야 하지만 일반인들은 생계를 위한 각자의 직업이 있으므로 그렇게 하기가 힘들다. 따라서 그는 일반인들은 스스로의 생활을 유지하면서 살아가는 것 그 자체가 중요하다고 하면서, 자기 직업활동으로서의 노동이 바로 불도를 행하는 것임을 역설한다. 즉 '불법과 세법이 둘이 아님'을 주장하고, 각자 자신의 직업 속에서 성실히 일하는 것(노동)이 곧 성불의 길임을 설파하고 있는 것이다. 이것은 '종교의 세속화'라고 할 수 있는데, 이를 통해 그는 성불하고자 하는 사람들에게 각자 일상을 등지지 않고 자신의 직분을 성실히 수행할 수 있는 길을 열어 주게 된다.

특히 그는 「사민일용四民日用」을 통해 사, 농, 공, 상의 사민이 어떻게 자신의 직분을 수행하여야 할지를 논하고 있는데, 이 중 '상인일용商人日用'은 바로 이시다 바이간의 상인윤리에 지대한 영향을 끼치게 된다. 쇼산은 상업이야말로 국가의 자유를 가져다주는 활동이며 그에 따른 이윤은 정당한 것임을 주장하고, 이어서 다음과 같이 말한다.

> 몸을 세상에 내던져 국토와 만민을 위한다는 생각으로 자국의 물건을 타국으로 옮기거나 타국의 물건을 자국으로 들여와야 한다.

멀리 떨어진 외국으로 건너가서 모든 이들의 마음속에 그러한 뜻
을 미치게 하고, 그렇게 할 것이라고 맹서하면서 각국을 돌아다
니는 일이야말로 수행이라 할 수 있다. 마음을 차분히 하여 이 산
저 산을 넘고, 신심을 가다듬어 크고 작은 강을 건너며, 마음을 청
결히 하여 망망한 해상에 배를 띄울 때는, 자신을 버리고 염불을
외우면서 일생은 속세의 여행인 것을 깨달아, 일체의 집착을 버
린 채 욕심을 떠나 장사하는 것이 하늘의 뜻을 지키는 것이다.[13]

여기에서 우리는 '종교의 세속화'를 통해 노동과 종교적 수양을
하나로 묶어 낸 자가 이미 서구 프로테스탄티즘의 등장 이전에 일본에
있었음을 알 수 있다. 바이간은 이러한 전통 속에서 상인의 이윤추구 행
위를 정당화하고 상업의 필요성을 역설한다.

그의 사상 중 먼저 살펴보아야 할 부분은 '상인'에 대한 규정이다.
상인의 역할과 지위 등에 관한 그의 입장이 먼저 밝혀져야 그가 왜 이윤
추구를 정당화했는지 알 수 있기 때문이다.

당시 일본은 동양 전통사회의 뿌리 깊은 사민四民제도를 엄격히
유지하고 있었다. 바이간은 이 제도 자체를 부정하지는 않지만 사민은

13　야마모토 시치헤이, 『일본 자본주의의 정신』, 김승일 역, 범우사, 1998, 128쪽에서 재인용.

신분제도이기보다는 직분상의 구별이라는 생각을 갖고 있었다. 그리고 그 근거로 '형체에 의한 마음形に由の心'을 제시한다. 간단히 말해, 모든 생명체는 그의 형체(단순히 외적 형태만을 지칭하는 것이 아니라, 그 존재의 삶을 그렇게 이끌고 있는 한 생명체의 조직 전체를 일컫는 말로, 모든 존재는 그 조직상 자신의 이념태가 있다는 뜻)에 따라 살아가는 행태가 다르다는 것이다. 예를 들어, 장구벌레가 수중에 있을 때는 사람을 물지 않지만, 모기가 되면 순식간에 사람을 무는 것과 같다. 그런데 그에 의하면 인간은 그 형체조직상 '노동'을 삶의 방식으로 택하는 존재이다. 사회에 존재하는 각 직업은 그 직업에 종사하는 사람들의 '형체'가 구현된 것이고, 따라서 그것은 신분의 고하를 드러내기보다는 직분 또는 직능을 나타내는 것이라고 보는 것이 타당하다는 주장이다. 그렇다면 이렇게 직분상 구분된 사민에 있어 '상인'은 어떤 존재인가.

상인이란 물론 물건을 매매하고 통용시키는 자이다. 그런데 바이간은 이 통상적 정의에 인간 세상의 자유를 부여한다는 중요한 역할을 덧붙인다. 그리고 이러한 활동은 "천하의 물자를 유통시켜 만인의 마음을 편안하게 한다면, 천지의 사계절이 운행하여 만물을 기르는 활동과 통하지 않겠습니까"[14]라는 말에서 보이듯, 결국 천지의 생생生生작

---

14 『石田梅岩全集』上卷,「都鄙問答」권1.

용을 구현하고 있는 것임을 주장함으로써 상인의 역할을 천지의 작용과 상통하는 것으로 규정한다. 상인의 이윤이란 이와 같은 신성한 노동에 대한 하늘의 보상이라는 것이 그의 생각이다.

> 세공인에게 작료(作料)를 주는 것은 세공인의 봉록(祿)이다. 농민에게 소작료(作間)를 주는 것도 사(士)에게 주는 봉록과 같은 것이다.
> … 상인의 매매이익(買利)도 천하가 내려 주는 봉록인 것이다.[15]

그렇다고 그가 무조건적 이윤추구에 찬동했던 것은 아니다. 그에 의하면 이익을 추구하는 것이 상인의 직분이고 이윤은 그 노동에 대한 하늘의 보상임이 분명하지만, 그렇다고 이윤을 추구함에 있어 '도의'가 없는 것은 아니다. 무사가 주군에게 충성하지 않고 녹을 받는다면 그를 참된 무사라고 할 수 없듯이, 본심을 다해 성실한 매매를 하지 않으면 올바른 상인이라고 할 수 없다. 당연히 이윤 역시 부정한 것이 된다. 그렇다면 그가 생각하는 상인의 도 즉 성실한 매매자가 행해야 할 '상도'란 무엇인가.

상매매란 기본적으로 만민을 도와 세상을 이롭게 하는 데 의의가

---

15 『石田梅岩全集』上卷,「都鄙問答」권2.

있으므로, 판매자와 구매자 모두에게 이익이 주어지지 않으면 안 된다. 좋은 상품을 싸게 팔아 그 물건을 사는 구매자도 만족을 얻고 이득을 얻지 않는다면 그것은 만물을 낳고 기르는 천天의 작용을 거스르는 행위이고, 그렇다면 하늘로부터의 보상을 받지 못할 것이다. 사실 당시에는 한쪽의 리는 반드시 한쪽의 해로 귀결된다는 생각이 지배적이었다.

가이바라 엣켄貝原益軒(1630-1714)의 "리를 구하면 반드시 남을 해하게 된다. 남을 해하지 않고 리를 얻는 일은 있을 수 없다(蓋求利者必害人, 不害人而利, 己未之有也)"(『愼思錄』권4)라는 말에서 그러한 사정을 잘 알 수 있다. 그러나 바이간은 참된 리利란 거기에 참여하는 모든 사람들의 리가 증가하는 가운데 얻어져야만 하고, 또 그것을 충분히 가능한 일로 보았다. 그것이 상매매의 신비로운 기술이고 상인의 능력이라고 여겼던 것이다. 이를 위해 상행위는 반드시 양자가 대등한 관계에서 자유롭게 행해져야 하며, 양자의 최대 만족점에서 흥정이 이루어져야 한다. 그것은 매매자 공히 자신의 본심에 돌아가 상대의 마음을 헤아리고 상대를 진정으로 위하려는 마음가짐으로 매매에 나설 때 이루어진다. "상대가 서야 나도 선다"(『도비문답』권2, 이것은 공자가 말한 "내가 서고자 하면 남도 서게 해 주고, 내가 도달하고자 하는 곳에 남도 도달하게 해 준다"라는 인仁사상의 경제적 응용이라고 할 수 있다)는 말은 바로 이러한 의미이며, 결국 상도란 기본적으로 상대에게도 이윤을 남겨 줌으로써, 상대가 사도 아깝지 않도록 좋은 물건을 파는 것임을 알 수 있다.

"상인의 전지田地는 천하 사람들에게 있고 (따라서) 천하 사람들이 내 봉록의 주인이다."[16] 그러므로 마치 농부가 대지를 성실히 경작하듯 상인은 천하 사람의 마음을 공정하고 정의롭게 성심을 다하여 경작해야 하는 것이다. 이러한 마음가짐 위에서만이 서로에게 리利가 되고 득이 되는 상행위가 이루어진다.

이렇게 볼 때 상행위 자체가 엄숙한 도덕윤리와 일체화되어 있음을 알 수 있다. 사랑과 배려의 정신으로, 내 본심을 온전히 드러내 천하 사람들을 ―물품의 유통에 의해― 평안케 하는 것이 상업활동의 본질이고, 이때 주어지는 이득이야말로 참된 이윤이 된다. 이것이야말로 '부'를 추구하는 올바른 길, 즉 상도商道이자 인도人道인 것이다. 이것은 결국 탐욕을 없애는 것, 즉 금욕을 통해 본래 무욕인 성性(본심)을 드러냄으로써 이루어질 수 있는데, 바이간은 이것을 공자가 말한 '인仁'의 삶이라 주장한다.[17]

바이간은 그 자신 상인답게 사회의 경제관계에 사상의 초점을 맞춘다. 그러나 그가 위대한 것은, 경제관계를 사회의 가치규범과 일치시

---

16 『石田梅岩全集』上卷,「石田先生語錄」.
17 『石田梅岩全集』上卷,「石田先生語錄」.

키고자 했다는 점이다. 앞서 화폐경제가 확대되면 필연적으로 사회규범을 파괴한다고 했지만, 그에게 인간 세상의 가치규범과 화폐가 오가는 경제관계는 다른 것이 아니었다. 아니 달라서는 안 되는 것이었다. 상매매 현장도 인격의 만남이 이루어지는 장이고, 그렇다면 단지 이익만 추구해서는 안 되고 인간의 정감이 충돌 없이 만나야 한다고 보았다. 내가 가진 물건을 매매하면서 구매자의 마음을 사는 것, 이것이 상매매의 진면목이라고 보았던 것이다.

어느 미국인이 인디언 시장에서 양파를 파는 노인에게 양파의 가격을 물었다. 10센트라고 답하자, 미국인은 좌판에 있는 양파를 모두 사면 얼마에 해 줄 수 있느냐고 물었다. 그러나 노인은 뜻밖에도 한꺼번에 양파를 팔 수는 없다며 거절했다. 그 이유를 묻자 노인은 다음과 같이 대답했다.

> 나는 양파만 팔러 나와 있는 것이 아니라오. 나는 지금 인생을 살러 여기 나와 있는 거요. 난 이 시장을 사랑하오. 북적대는 사람들을 사랑하고, 햇빛을 사랑하고, 흔들리는 종려나무를 사랑하오. 친구들이 다가와 인사를 건네고, 자기 아이들이나 농사에 대해 이야기하는 것을 사랑한다오. 그것이 내 삶이오. 바로 그것을 위해 하루 종일 여기 앉아 양파 스무 줄을 파는 거요. 그런데 한

꺼번에 몽땅 다 팔면 돈은 벌겠지만 그걸로 내 하루는 끝이오. 사
랑하는 내 삶을 잃어버리는 것이오. 그렇게 할 수는 없소.[18]

     이 노인의 마음이 바로 바이간의 마음이었다. 이러한 바이간의
죠닌철학(상인철학)을 계승한 자들이 일본 '세키몬심학'을 이루고, 이후
근현대의 일본 기업가들에게 큰 영향을 끼치게 된다. 예를 들어, 300여
년의 역사(창업 11대째)를 가진 '한베이후(半兵衛麩)'의 11대 사장 마미 다츠
지는 "부친은 모든 것은 함께 공존하는 것이므로 서로 다투거나 유감을
갖게 해서는 안 된다고 가르치셨습니다. 우리를 둘러싸고 있는 물, 해,
바람, 동물 등에 대해서도 감사하는 마음을 가져야 한다고 했습니다. 그
러니 우리 물건을 사기 위해 오시는 분들은 얼마나 고마운 존재입니까?
우리는 고객들과의 만남을 소중히 여기며 무엇을 해 드려야 고객이 행
복해할지를 늘 생각합니다"라고 힘주어 말하는데, 이 회사의 3대 사장
은 이시다 바이간의 제자 스기우라에게 가르침을 받은 자로서 바이간
의 위패를 모실 정도였다. 특히 바이간의 '선의후리先義後利' 정신에서 많
은 영향을 받아 "의로운 방법으로 다른 사람을 위해 일을 하면 돈은 자

---

18   E. T. 시튼, 『인디언의 복음』[김찬호 저, 『돈의 인문학』(문학과지성사, 2011), 169쪽에서 재
    인용].

연스럽게 따라온다"는 것을 평생의 좌우명으로 삼았다고 한다. 또한 파나소닉으로 유명한 마쓰시타 그룹의 창업자 마쓰시타 고노스케는 "마쓰시타전기는 전기 기구를 만드는 회사가 아니라 사람을 만드는 회사"임을 강조하는데, 이 역시 바이간의 정신을 계승한 것이다.

바이간의 이러한 정신은 물론 서구적 의미에서의 자본주의가 성장하는 데에는 불리한 조건일 수 있다. 그러나 서구적 자본주의의 폐해가 적나라하게 드러난 지금, 새로운 이념 위에서 새로운 경제체제를 건설하기 위해서는 참고할 가치가 충분하다고 본다. 일본에서는 이러한 정신을 서구 자본주의와 결합하여 나름대로의 독특한 자본주의로 발전시켜 이미 성공을 거둔 바 있다. 물론 그것 역시 서구 자본주의의 아류이고 많은 문제점을 갖고 있지만, 타인과 함께 성장하고 이익을 거두는 '이타적 경제' 수립을 위해 일정 부분 중요한 시사점을 던져 주고 있다. 예를 들어, 한때는 '유교자본주의'의 논리로 칭송받다가 IMF 등 동아시아 경제의 후퇴에 즈음하여 투명화, 합리화의 미명하에 된서리를 맞았던 '연공제', '종신제', '사원의 가족화' 등은 어떤 의미에서는 따뜻한 인간관계를 중시한 경제체제라고 할 수 있다. 그리고 이것은 서구 자본주의를 받아들이면서도 그것을 동양 전통사회의 삶의 양식과 습합시키려고 노력한 결과물이기도 하다. 이나모리 가즈오는 "원래 사원을 고용한다는 행위는, 그 사원을 일생 동안 돌봐 주어야 하는 의무가 함께 생기는 행위이다"[19]라고 말한다. 물론 그것이 악용되면서 많은 불신이나 불평등을 초래한 점이 없지 않지만, 그 본래 의미를 돌아보면서 잘 보완한다면 '이타적 경제'에 공헌할 점도 적지 않으리라고 본다. 한편에서 이것을 불합리하고 부정적으로만 보는 이유는 서구 자본주의적 시각으로 보기 때문이다. 즉 이윤창출의 극대화가 곧 합리적인 것이고 효율적인 것이며 그것이 곧 선이라는 관점에 입각하여 보기 때문인 것이다. 그 장막을 걷고 보면 이 제도들의 장점들 또한 눈에 보일 것이다. 사실 미국에서도 산업화 시대에는 종신고용제가 있었다. 이것이 바뀌기 시작하는 것은 자본주의가 극심해지는 1970년대, 능률과 가시적 성과만을 탐하던 사회가 시작되면서부터였던 것이다.

여기서 앞서 언급했던 막스 베버와 이시다 바이간의 공통점과 차이점에 대하여 간단히 살펴보기로 한다. 양자는 경제행위가 도덕적 바탕 위에서 행해져야 한다고 보고, 이윤추구의 정당성을 인간을 초월한 절대자에게 귀속시키고 있다는 점에서 같은 양상을 보인다. 베버는 기독교적 신, 그리고 바이간은 '하늘(天)'로부터 그 정당성을 부여받고자 하였다. 따라서 개인의 이욕만을 위해 제동장치 없이 무한 질주하는 요즘의 '천민자본주의'와는 그 사고체계가 다를 수밖에 없다.

19   이나모리 가즈오, 『카르마 경영』, 김형철 역, 서돌, 2005, 194-195쪽.

현 자본주의의 시원이 되고 있는 서구 자본주의에서도, 베버에 의하면, 적어도 항시 신을 의식하고 그 신의 영광을 실현하기 위한 종교적 자세가 추동력이 되고 있다. 따라서 금욕이라는 덕목을 중시하고, 비록 무한정한 이윤추구를 주장한다 해도 그것이 반드시 합리적 방법에 의한 것이어야 한다는 제한을 두었다. 이것은 자본주의 사회의 병폐에 대한 하나의 지침이 될 수 있다. '돈'만 있고 '인간'은 없는 사회, 모든 것을 '돈'의 잣대로 재는 사회, '돈'을 곧 행복으로 보며 따라서 이윤획득을 지상 명제로 생각하는 사회, 이것이 우리 사회의 현 모습임을 볼 때, 그 차이를 너무나도 분명히 알 수 있다. 이러한 사고체계를 벗어나 절대자를 향한 종교적·윤리적 심성 위에서 행해지는 경제행위가 지금의 우리들에게 절실히 요구되고 있다고 하겠다.

그러나 또한 양자의 이론에는 상당히 중요한 차이가 보이기도 한다. 비록 양자 공히 도덕성을 경제행위의 중요 토대로 설정하였지만, 그 도덕이 신에 대한 도덕이냐, 인간 공동체 속에서의 도덕이냐 하는 중요한 차이가 있다. 이것은 물론 '신과 인간의 관계 사회'인가 '인간과 인간의 관계 사회'인가의 차이가 빚어낸 것이라고 할 수 있다.

막스 베버가 말하는 서구 자본주의는 신에 대한 인간의 의무에서 이윤추구의 정당성을 찾고 있다. 따라서 거기에는 엄격히 말해 타인에 대한 시선은 결여되어 있다. 물론 '합리성'이라는 단서가 붙긴 하지만,

이것은 베버 스스로도 언급하고 있듯 오히려 '영혼 없는 전문가'의 세계로, 오직 서구적 의미의 합리성(인간관계를 무시한 수학적이고 회계적인 경제원리)에만 바탕을 두고 타인에 대한 따뜻한 시선은 결여하고 있다. 한마디로 '인간'이 빠져 버린 경제학이라고 할 수 있다. 이것은 결국 이윤의 증가가 곧 행복과 일치한다는 서구식 합리주의로 쉽게 나아가고 만다.

이처럼 인간 공동체 또는 인간 상호관계에 기반하지 않는 이윤추구는 엄격히 말해 '도덕성'이 결여된 것으로 보지 않을 수 없다. 사실 경제적 합리주의 자체가 '이기주의'의 한 유형에 속한다고 볼 수 있다. 이에 반해 바이간의 이윤추구는 타인에 대한 배려가 그 중심을 이룬다. 그는 인간 공동체를 깊이 의식하고 그 안에서 타인에 대한 따뜻한 시선을 둔 경제윤리를 설파하고 있기 때문이다. 다시 말해 경제행위의 원리가 바로 도덕이라고 보았고, 따라서 경제행위에도 도덕을 영위하는 마음가짐으로 임해야 한다고 보았다. "물건을 팔지 말고 마음을 팔라"는 그의 상도관이 이를 웅변으로 말해 주고 있다. 이러한 사고의 차이가 결국 "벌 수 있는 대로 벌어라"와 "타인의 이익도 함께 도모하라"라는 말로 대변되는 양자의 차이를 가져온 것이다. 특히 '돈'이 행복의 기준이라는 생각으로부터 벗어나는 소위 '의식의 전환'이 가장 중요하다는 점에서 볼 때, 만물을 소생시키고 육성하는 천의 작용을 경외하고 계승하면서, 만물의 원활한 유통을 통해 세계 조화에 기여하고자 했던 바이간의 경제관은 곱씹어 볼 가치가 있다고 하겠다.

　　이러한 큰 틀 속에서 경제행위가 영위될 때 현재 드러나고 있는 수많은 폐해들도 보완되고 사라지면서 보다 나은 세상을 건설하는 토대가 되지 않을까 생각한다. 한동안 자연과학은 물론이거니와 사회과학마저도 '인간'을 무시한 채 이론만을 위한 이론에로 내달려 왔다. 이제 늦으나마 빠져 버린 '인간'을 다시 복원시킬 때이다. 바이간의 경제윤리는 철저히 인간 중심으로 전개된다는 점에서 '이타적 경제학'으로의 전환에 중요한 시사점을 던져 주고 있다고 생각한다.

　　이상 유, 불, 도를 중심으로 동양 전통사상의 '부'에 관한 입장을 살펴보았다. 그들은 대체로 도덕, 자유의 측면에서 부를 부정한다. 부는 탐욕을 가져오고, 그것은 인간의 내적 도덕성이나 인간의 본질인 자유를 저해한다고 보았기 때문이다. 이시다 바이간은 실제적인 상매매에 그러한 윤리가 어떻게 적용되고 실천될 수 있느냐에 역점을 두고 죠닌철학을 수립한다. 이에 반해 동양 주류적 사고는 아니지만, 사마천이나 묵자는 '의義는 리利'라는 슬로건하에 '리'의 추구를 긍정적으로 보며, 특히 사마천은 개인적 부의 축적을 적극 권장한다. 물론 양자 모두 '리'의 추구와 함께 덕을 강조하는 것도 잊지는 않고 있다. 그들 역시 부가 탐욕으로 나아가는 것을 염려했던 것이다.

'부'의 문제에 대한
동양 전통철학의 해결책

─ 탐욕 극복의 방법

04

본성이라고 표현하든 본심이라고 표현하든, 아니면 불성 또는 일심이라고 하든, 그것은 모두 우리의 본래성을 말하는 것이다. 우주의 근원과 일치하는 순수하고 맑은 성품으로 '본래 생명'이라고도 한다. 그 시원적 생명은 '나'라는 그릇에 담기면서 자신의 보편성을 잃지 않으면서도 나만의 '발아 형태'를 갖게 된다. 그리고 그것은 자신의 삶에 꼭 들어맞는 모든 것들을 찾아내고 실천하고자 하며, 그렇게 해낼 수 있다. 문제는, 그것이 이기적 본능과 거기에서 비롯된 '탐욕'에 가려져 온전히 작동하지 못한다는 점이다. 그 이유는, 주희의 어법에 따르면, 기질적 병폐가 도덕적 본성보다 강력하기 때문이다. 따라서 우리는 '탐욕'을 제거하고 자기에게 맞는 '생명의 발아 형태'를 찾아내야 한다. 그 방법은 무엇인가? 내면에서 '참-나'를 찾는 노력과, 외적 현실과의 조응 속에서 끊임없이 탐욕을 덜어 내려는 실천적 노력이 함께할 때라야 비로소 가능하다. 그 결과로 이루어진 상태를 동양 전통사상에서는 '중용中庸(지족知足)'이라 부른다. 인仁이 완전히 실현된 공자 70세의 경지도, 노자가 외치는 '무위자연' 그리고 붓다의 '열반'도 실은 이에 다름 아니다.

 그렇다면 우리는 어떻게 적정선을 찾아낼 수 있을까? 우리에게 그런 능력이 있기는 한 건가, 있다면 어디에 있는 것일까. 결론부터 말하면 우리에게는 그러한 능력이 본래적으로 갖추어져 있다. 마음! 마음이 바로 그것이다. 우주도 품고 신마저도 품을 수 있는 마음, 그 신비한 능력! 장미는 자기의 생명을 더도 덜도 없이 딱 고만큼만 발현시켜 장미꽃을 피운다. 더 붉으려 하지 않고 더 많은 가시를 달고자 욕망하지도 않는다. 그러한 힘이 인간의 마음에도 있다. 우리가 발휘하지 않고 묻어 두기 때문에 드러나지 못할 뿐이다. 탐욕에 모습을 감추고 있을 뿐인 것이다. 각성을 통해 그 마음을 드러내야 한다. 그러면 마치 내 몸이 적당한 목욕물의 온도를 알 수 있듯이 우리 마음도 각자에 알맞은 중용점(지족점)을 찾아낼 수 있다. 그러한 기적을 맛보려는가! 그러면 '본래 마음'을 드러내기 위한 마음훈련 공부를 하라. 내 몸을 다듬어 좋은 몸매를 가꾸듯, 마음을 훈련하여 거기에 근육을 붙여 가라.

이제부터 동양 전통사상가들이 제시한, 마음의 능력을 찾아 탐욕을 제거하고 자신의 본래 생명을 피워 내는 방법에 관해 살펴보기로 한다. 이것은 탐욕을 제거함으로써 '부'가 행복에 기여하도록 하기 위해 반드시 필요한 작업이다.

1. 유가

『논어』를 펴면 첫 장 첫머리에 "배우고 때에 맞춰 그것을 몸에 익히면 또한 기쁘지 않겠는가!"라는 너무나 잘 알려진 글귀가 보인다. 책의 첫 문장은 굉장히 중요한 의미를 갖는다. 그 책의 얼굴로 책 전체의 내용을 함축하면서도 그 책에 흥미를 갖도록 하는 역할을 하기 때문이다. 소설가들이 제일 신경 쓰는 게 첫 문장이라고 하는데, 그건 사상가에게 있어서도 예외는 아닐 것이다. 『논어』는 공자 생전의 말을 훗날 제자들이 기억이나 기록에 의존하여 엮은 책인데, 그들도 스승의 말 중 가장 중요하고 의미 있는 말을 골라 첫머리에 편집했을 것이다. 그러면 이 문장이 의미하는 바는 무엇일까?

인간의 희열, 열락이 '배우고 때에 맞춰 그것을 익힘'에 있다는 간단한 말이지만, 거기에는 큰 뜻이 담겨 있다. 배우고 익히는 것이 인간의 희열이라는데 도대체 뭘 배우라는 것일까. 요즘 학생들은 '배운다'는 말만 들어도 희열은커녕 소름 돋을지도 모르겠다. 그런데 왜 공자는 '배움'에서 희열을 느꼈을까? 우선 그가 말하는 '배움'이 무엇인지 살펴보기로 하자.

> 애공이 물었다. "제자들 중에 누가 배우길(學) 좋아합니까?" 공자가 답하였다. "안회라는 자가 있어 배움을 좋아했는데, 화난 것을 남에게 옮기지 않고 허물을 두 번 짓지 않았습니다. 불행히 요절하였으니, 이제 배움을 좋아하는 자가 있다는 말을 듣지 못했습니다." (『논어』 옹야)

배움을 좋아한다더니, 갑자기 "화난 것을 남에게 옮기지 않고 허물을 두 번 짓지 않았습니다" 운운하니 좀 어리둥절할지 모르겠다. 그게 배움과 무슨 관계라도 있다는 건가? 그렇다. 공자가 말하는 '배움(學)'이란 바로 그런 것, 자기 마음을 다하여 인간과 인간 사이의 올바른 관계를 맺어 나가는 방법에 관한 것이었다. 그래서 공자는 "부모 섬김에 온 힘을 다하고, 군주 섬김에 온몸을 다하며, 친구와 사귐에 있어서 성실함이 있다면, 비록 그가 배우지 않았다 하더라도 나는 반드시 그를 배운 자라고 말하겠다"(『논어』 학이)라고 한다. 화가 나면 우리는 그것을 참지 못하고, 삭이지 못한 분을 다른 사람들에게 퍼붓곤 한다. 엄마한테 꾸중 듣고 학교 가서는 괜히 아무것도 아닌 일로 친구들과 다투거나, 또는 회사 윗사람에게 핀잔 듣고는 애꿎은 배우자나 자식들에게 화를 퍼붓던 경험이 누구나 있을 것이다. 사실 우리는 누군가에게 화나는 일을 당하면 그것을 마음에 담고 있어 ―그럴수록 화는 점점 증폭된다― 반드시 다른 누군가에게 폭발시킨다. 그런데 안회는 누군가에게 화가 나도 그것을 다른 사람에게 옮기지 않았다고 한다. 말이 쉽지 어지간히 마음공부가 되어 있지 않고서는 행하기 힘든 일이다. 더구나 잘못을 두번 다시 하지 않았다고 한다. 누구나 잘못은 한다. 그러나 그 잘못을 다시 하지 않기 위해서는, 자신을 철저히 반성하고 성찰해서 그 잘못을 행했던 마음을 뿌리째 뽑아내야만 한다. 이것 역시 보통 어려운 일이 아닐 것이다. 공자는 이러한 행위를 이끌어 내는 것이 바로 '학문'이고 우리가 배워야 할 것이라고 말하는 것이다. 그것을 한마디로 말하면 바로 '자기의 사욕을 이겨 내고 예에 따른 행동을 하라(극기복례克己復禮)'는 것이리라.

예는 오랜 세월을 두고 자연스럽게 형성되어 공자 이전부터 법과 함께 인간 행동을 규율하는 한 축으로 작용해 왔다. 공자 당시 통상 귀족은 예의 통제를 받고 일반 서민은 법으로 다스렸는데, 공자는 이 예를 귀족이나 관료만이 아닌 전 백성을 다스리는 주된 통치원칙으로 삼아야 한다고 보았다(이에 반해 법가는 일반 백성만이 아니라 귀족이나 관료까지도 모두 법의 지배 아래 있어야 한다고 본다). "법이나 형벌로 사람을 이끌면 법망을 벗어나려고만 하며, 벗어나게 되면 (인간적인) 잘못이 있더라도 당당해하며 자신을 고치려고 하지 않을 것이다. 그러나 예나 덕으로 이끌면 잘못을 뉘우칠 뿐 아니라 자신을 고치려고 노력할 것"(『논어』 위정)이기 때문이다. 법에 복종하는 것은 그 물리력에 복종하는 것으로, 설사 잘못된 행동을 그친다 해도 마음으로 승복한 것은 아니다. 그 저지효과가 빨리 나타나기 때문에 통치자들은 자칫 법(형벌)쪽으로 쉽게 손이 가지만, 그것은 인격의 성숙을 가져오는 방법이 아니다. 비록 그 효과가 더디다 해도 예에 따라 훈도하는 것이 올바른 사회를 만들고 올바른 인간을 기르는 첩경이라고 공자는 생각했다. '예'가 무엇이기에 그런 결과를 가져올 수 있는 것일까?

　　유가에서 보는 인간은 무수한 관계의 다발로 이루어진다. 인간은 타인과의 관계 속에서 비로소 존재의 의미를 갖는다는 말이다. 그래서 인간을 한자로 '人間' 즉 '사람과 사람 사이'라고 표현한다. 우리는 모두 누구의 부모이고 누구의 자식이며, 남편(또는 아내)이고, 또 누군가의 선생이고 학생이다. 이처럼 무수한 인간관계를 맺고 사회생활을 영위하는데, 이 관계들의 총체가 바로 '나'이다. 그렇다면 '나의 완성(자아의 실현)'이란 이 각각의 관계를 올바르게 실천해 내는 일일 것이다. 그런데 인간은 이기적 본능을 갖고 있기에 관계 맺기에서 서로의 이기심이 충돌할 수 있고, 따라서 거기에는 늘 긴장과 갈등이 맴돈다. 이를 해소하기 위해서는 이기적 본능을 조절하고 상대와의 사이에서 서로가 흡족한 접점을 찾아내야 하는데, 그 접점이 바로 예(禮)인 것이다.

본래 '예'란 한자는 '제단(示)에 제수를 정성스럽고 풍성하게 쌓아놓은 모습(豊)'으로, 신께 정성을 다해 제물을 바치는 것을 의미했다. 그러나 점차 제물을 바치는 사람의 마음이 중요하다는 생각으로 변해 갔다. 신은 제물이 아니라 인간의 정성스러운 마음을 원한다고 생각한 것이다. 그런데 공자는 단지 신께 향하는 정성의 마음이 아니라 타인에게로 향하는 정성의 마음으로까지 예를 확장시켰다. 여기서 인간윤리를 강조하는 유가가 탄생하는 것이다. 따라서 ―이 점이 매우 중요한데― 공자가 말하는 '예'란 단순히 외면적으로 드러나는 '의례'행위를 의미하는 것이 아니라, 그러한 의례행위를 통해 표현되는 내면의 마음가짐을 말하는 것이며, 그것이 바로 예의 본질이다.

공자 이전에는 전해 내려오는 '예'를 그저 습관적으로 아무 의심없이 따르기만 했다. 그러나 눈에 보이는 형식적 의례만을 중시했던 이전 사람들과 달리 공자는 눈에 보이지 않는, 그러나 보다 중요한 알맹이가 있음을 자각했던 것이다. 바로 여기에 공자의 위대함이 있다. 공자는 의례행위란 (본래의) 마음이 외적으로 표현된 것에 지나지 않는다고 여겼다. 설사 의례적으로는 바른 형식을 취했다고 해도 거기에 마음이 담겨 있지 않으면 그것은 아무 의미도 없는 단순한 몸짓에 지나지 않는다. "예로다! 예로다! 하는데 옥이나 비단을 말하는 것이랴? 악樂이다! 악이다! 하는데 설마 쇠로 만든 종이나 가죽으로 만든 북을 말하는 것은 아닐 테지"(『논어』 양화)라는 공자의 말은 바로 이것을 웅변해 주고 있다.

일상에서 예를 들어보자. 설날 바르게 서서 부모님께 공손히 절을 드리는 행위도 중요하지만, 설날을 맞이하여 부모님을 생각하는 마음 그것이 보다 본질적인 것이고, 바로 그 마음이 행동으로 나타날 때 '공손히 서서 절 드리는 행위'로 나타나는 것이다. 이 마음이 '예'의 본질이고, 공자가 배우라고 한 것은 바로 그 마음의 실천방법이다. 이와 같은 배움이 희열이라고 한 것은, 마음을 다해 예를 따름으로써 남과 조화로운 관계를 맺어 나갈 때 진정한 행복을 느낀다는 의미이다. 맹자도 "자신을 반성하고 성의를 다해 도리를 지키면 즐거움이 이보다 클 수 없을 것"(『맹자』 진심상)이라고 했는데, '자신을 반성하고 성의를 다해 도리를 지키는 것'이 바로 공자가 말한 '학'이고, 이때 즐거움이 최고조에 달함을 말하고 있는 것이다. 결국 유가가 말하는 배움이란 일상 속에서 어떻게 하면 '본래 마음'을 드러내고 선한 본성을 드러낼 수 있는가를 배우고 체화하라는 것 아니겠는가?

'예'의 토대가 되는 '본래 마음'이란 바로 '인仁'의 마음을 말한다.

그렇다면 인이란 무엇인가? 인은 기존에는 통상 '어질다, 다정하다'는 정도의 뜻으로 사용되었지만, 공자는 기존에 있던 한자 '인'에 자신의 새로운 사상을 불어넣어 훨씬 깊은 뜻을 갖게 했다. 『논어』에서 많은 제자들이 인이 무엇인지 묻고 있는 것을 보면 그의 제자들도 외연이 확장된 '인'에 대해 정확히 이해하기가 어려웠나 보다. 이에 대한 공자의 대답 중 가장 중요한 것이 앞에서 말한 '애인愛人' 즉 "남을 사랑하는 것"(『논어』 안연)이다. 마음 깊숙한 곳에서 샘솟듯 솟구치는 만물에 대한 강렬한 사랑, 그것이야말로 인간에게 자연적으로 갖추어져 있는 본래성이고 궁극적 가치라고 공자는 생각했다. 사랑이란 무엇인가? 동서고금을 막론하고 '사랑'이 문학, 예술, 철학의 주제가 되면서 수많은 세월 동안 그렇게 중시되고 있는 이유는, 그것이 타인과 나를 하나로 묶어 주는 감정이기 때문이다. 사랑한다는 것은 하나 되고 싶어 하는 것이다. 유교에서는 이것을 '만물동체萬物同體로서의 인(만물을 하나로 엮는 인)'이라고 한다.

부모는 자식이 다치면 자식보다 더 아프다. 자기가 다친 것도 아닌데 왜 그렇게 아픈 것일까? 자식을 사랑하기 때문이다. 사랑해서 자식과 하나가 되었기 때문이다. 자식이 잘될 때 뛸 듯이 기뻐하는 이유 또한 마찬가지다. 요즘 부모들이 어린 유아를 집어 던지고 때려서 다치게 하거나 심지어 죽음에 이르게 하는 경우가 심심찮게 뉴스에 오르내린다. 이것은 그들 부모가 자식들을 사랑하지 않기 때문이다. 사랑하지 않으므로 자식은 그냥 '다른 사람', 그것도 밥 달라고 칭얼대거나 돌봐야 할 짐에 지나지 않는다. 그렇기 때문에 그들에게 위해를 가하는 것이다. 사랑의 마음이 마비되어 있으면 타인의 아픔을 자기의 아픔으로 느끼지 못한다. 그렇게 될 때 인간은 단지 '고깃덩어리'에 지나지 않으며, 결국 자기 자식에게마저 상해를 입히는 결과를 초래한다.

공자는 우리에게 본래적으로 갖추어져 있는 이 사랑의 마음을 우리가 만나는 모든 대상들에게 쏟아부으라고 역설한다. 사랑의 마음을 어버이에게 쓰면 그것을 효라 하고, 임금에게 사용하면 그것을 충이라고 한다. 거기서 비로소 인간관계의 적절한 지점, 즉 예가 성립되는 것이며, 그것을 실천할 때 인간으로서의 완성이 이루어지는 것이다. 이것이 바로 인간이 걸어야 할 길 즉 '인도人道'이다. 그 인도를 묵묵히 걸어가는 자를 군자라고 하고, 그 길을 완성한 자가 바로 성인인 것이다. 성 아우구스티누스는 말한다.

사랑하라! 그리고 그대가 하고 싶은 것을 행하라.

말을 삼가려거든 사랑으로 삼가라.

말을 하려거든 사랑으로 말하라.

다른 사람을 올바르게 잡아 주고 싶으면 사랑으로 올바르게 잡아

주어라.

용서하고자 한다면 사랑으로 용서하라.

그대 마음의 저 깊숙한 곳에 사랑의 뿌리가 드리우게 하라.

이 뿌리에서는 선 이외의 다른 어떤 것도 나올 수가 없으니. (『요한

1서해설』7장 8절)

아우구스티누스와 공자의 생각이 묘하게 일치하고 있다. 사랑의

마음, 그것으로 일상을 대하라! 이것이 동서고금을 통한 성인의 가르침

인 것이다. 그런데 아우구스티누스의 말에 한 가지 덧보태고 싶은 말이

있으니, '미워하려거든 사랑으로 미워하라'는 것이다. '인'은 '사랑'이지

만 무조건 사랑하기만 하라는 것이 아니다. 공자에 의하면 그것은 참된

사랑이 아니다. 미워할 만한 일을 했으면 미워하는 것, 그것이 바로 인

의 마음이다. 타인을 공정하게 대하여 감정의 과불급이 없는 것(공평무사

公平無私)이 유가적 '선'이고 인의 발현이다. 단, 그 '미워함'은 '사랑'으로 미

워한다는 점에서 우리가 흔히 행하는 '미워함'과는 다르다. 증오심에서

미워하는 것과 사랑하기 때문에 미워하는 것의 차이는 크다. 이것이야

말로 사람을 '미워하는' 진정한 의미이다. 그래서 공자는 "오직 인한 사

람이라야 비로소 (참으로) 남을 좋아할 수도 미워할 수도 있다"(『논어』이인)

고 말한다.

이상에서 알아보았듯, 인의 마음은 예를 실천하는 기반이다. 정

감이 인으로부터 발출되어 나올 때 각 상황에 들어맞는 행위가 될 것이다. 이것을 동양에서는 시중時中이라 하고, 이 지점에서 이루어지는 행위들을 우리는 예라고 한다. 그러니 인의 마음이 없는 예는 요식적 행위에 지나지 않는 것임을 알 수 있다. "사람이 어질지(仁) 않은데 예를 어떻게 사용할 것이며, 사람이 어질지 않은데 악樂을 어디에 사용하겠느냐?"(『논어』팔일)라는 공자의 말은 바로 이것을 말하고 있는 것이다.

그렇다면 왜 우리는 선한 본성을, 인의 마음을 현실에서 실천하지 못하는 것일까? 우선『논어』한 구절!

재아가 여쭈었다. "3년상은 1년이라도 충분합니다. 군자가 3년 동안 예를 지키지 않으면 예가 파괴될 것이고, 3년 동안 음악을 다루지 않으면 음악이 무너질 것입니다. (1년이면) 옛 곡식이 다 없어지고 새 곡식이 나며, 불씨도 나무를 바꾸어 다시 불을 얻는 기간이니, 1년으로 끝내도 가할 것입니다." 공자께서 말씀하셨다. "(부모가 돌아가시고 3년이 채 되지도 않았는데) 쌀밥을 먹고 비단옷을 입어도 네 마음이 편안하겠느냐?" "예. 편안할 것 같습니다." "네가 편안하다면 그리하거라. 군자는 상을 치를 적에는 맛있는 것을 먹어도 달지 않고, 음악을 들어도 즐겁지 않으며, 잘 지내고 있어도 편안치 않기 때문에 그렇게 하지 않는 것이나, 너는 지금 편안

하다니 그렇게 하거라! (『논어』 양화)

재아는 공문십철孔門十哲 중의 한 사람으로 공자 제자 중 언변이 뛰어난 인물로 평가받는데, 자기 재주를 너무 믿은 탓에 공자에게 자주 핀잔을 듣곤 했던 인물이다. 여기서 공자가 걱정한 것은 다름 아니라 재아가 인을 버리고 이심利心(자기 이익을 추구하는 마음)을 드러내고 있기 때문이다. 재아가 3년이 너무 길다고 생각한 것은, 3년 동안 자기 연마의 노력을 하면 지금보다 훨씬 좋은 자리에 오르고 생활도 나아질 수 있다고 생각했기 때문이다. 그런 사적 욕망이 인의 마음을 무겁게 누르고 있던 것이다. 그래서 누구나가 부모의 은혜를 갚기 위해 기꺼이 치르는 3년상을 ―인의 마음이 이욕에 가려지지 않고 드러나면 누구나 부모의 상을 당해 자연스레 3년상을 치를 것이다. 3년상이란 인의 마음이 외적으로 표현된 의례이다― 재아는 길다고 보고 1년으로 줄일 것을 주장했던 것이다.

이처럼 우리에게 본래부터 인의 마음이 갖추어져 있지만 그것이 실제 현실에서 곧바로 발동되지는 않는다. 우리에게는 남을 위하려는 이타적 마음보다 더욱 강하게 '자기를 위하는 이기적 본능'이 뿌리박고 있기 때문이다. "다 같은 사람인데 왜 어떤 사람은 그 마음(선한 본성)을 따르고 어떤 사람은 그 귀와 눈(이기적 본능)을 따르게 됩니까?"라고 묻는 말에 맹자는 다음과 같이 말한다.

> 귀와 눈은 생각하지 못하여 물욕에 가리게 되니 외물과 접하면 이를 유혹할 뿐이다. 마음은 생각할 수 있으므로 생각하면 얻고 생각하지 않으면 얻지 못한다. 이것은 하늘이 내게 준 것이니 먼저 그 큰 것(大體)을 세우면 그 작은 것(小體)이 빼앗을 수 없을 것이다. 이것이 바로 대인이 되는 길이다. (『맹자』고자상)

여기서 말하는 '마음(대체, 대아)'이란 선한 본성으로서의 사단지심四端之心을 말하는 것이고 '귀와 눈(소체, 소아)'은 우리의 이기적 본능(자기를 우선시하고, 자기를 이롭게 하려는 욕구)을 말한다. 이기적 본능이 물론 악은 아니다. 그러나 그것은 스스로 멈출 줄을 모른다. 자기 스스로 자신을 통제하지 못한다는 말이다. 더구나 그 뿌리는 깊고 강하다. 인류가 생긴 이래 이 본능적 욕구를 끊임없이 강화시켜 왔기 때문이다. 이것이 없거나 약한 인류를 생각해 보라. 무구한 세월 동안 인류가 과연 살아남을 수 있었을까? 물이 마시고 싶으면 어떻게 해서든 물을 마셔야 하고, 배고프면 어떻게 해서라도 배를 채워야 한다. 이런 욕구가 약해서 배고파도 언젠가 먹을 게 있겠지 하는 마음으로 지낸다면 인류는 아마 벌써 소멸했을 것이다. 따라서 인간은 자기를 위한 이기적 욕구를 예부터 매우 강화시켜 왔다. 그런데 문제는 앞서 말했듯, 이것은 스스로 멈추지 못한 다는 것이다. 어느 정도 배만 부르면 그만인데도 더 좋은 음식, 더 맛있 는 음식을 찾아 헤맨다. 더 많이 먹으려고 안달이다. 그렇게 되면 '탐욕' 이 얼굴을 내밀기 시작하고, 이제 악으로 흐르게 된다.

힘든 산행을 하고 귀가를 위해 탄 전철에서 운 좋게 자리를 잡아 피곤함을 달래고 있는데, 앞에 임산부가 와서 서 있다고 해 보자. 우리 의 이기적 본능은 계속 앉아 있으라고 보챈다. "너도 힘들잖아. 그냥 그 대로 앉아 있어. 20분만 버티면 되잖아. 또 알아? 옆 사람이 일어설지. 정 괴로우면 자는 척해!" 이게 이기적 본능의 명령이다. 만일 그 사람이 일어섰다면 그건 이기적 본능에 따른 것이 아니다. 그렇다면 무엇에 따 랐을까. 맹자가 말하는 사단지심, 즉 대체, 대아를 따른 것이다. 우리의 측은지심은 이렇게 말했을 것이다. "빨리 일어나. 임산부가 얼마나 힘 든 줄 알아? 네가 뱃속에 또 한 사람을 넣고 있다고 생각해 봐. 무겁기도 하겠지만 중심 잡기도 얼마나 힘들겠니. 그러니 조금 피곤하겠지만 일 어서. 그게 인간으로서 할 일이야"라고. 자리에서 일어서는 사람은 바 로 이 권고를 들은 것이다. 그런데 이게 보통 어려운 일이 아니다. 일상 에서 마주치는 그 많은 일들을 모두 본성의 말에 따라 행한다고 생각해 보라. 그게 바로 성인이 아니겠는가?

그런데 좀 이상하다. 본래 갖추어져 있는 마음이라면, 그것을 따르는 것이 왜 그렇게 어려운 것일까? 맹자에 의하면 우리의 선한 본성은 조그만 씨앗(端)에 불과하여 거기에 거름을 주고 물을 주어 키워 내지 못하면 아무런 힘도 발휘하지 못한다. 하물며 이기적 본능은 얼마나 크고 강하던가. 세상에 악행이 넘쳐 나는 이유이고, 그래서 본성을 키워 내는 노력이 절실히 필요한 것이다.

> 사람은 누구나 남에게 차마 하지 못하는 마음이 있으니, 이제 어린아이가 막 우물에 빠지려는 것을 보면 누구라도 놀라 측은히 여기는 마음이 생겨날 것이다. 그것은 그 아이의 부모와 사귀려 해서도 아니고, 명예를 탐해서도 아니며, 비난할 것이 두려워 그런 것도 아니다. 이렇게 볼 때 측은한 마음이 없으면 사람이 아니며, 부끄러워하고 미워하는 마음이 없으면 사람이 아니며, 사양하는 마음이 없으면 사람이 아니며, 옳고 그름을 가릴 줄 아는 마음이 없으면 사람이 아니다. 사람에게 이 사단(四端)이 있는 것은 마치 사지가 있는 것과 같다. … 사단이 나에게 있음을 알고 그것을 넓혀서 채운다면 사해도 보존할 수 있을 것이요, 채우지 못한다면 부모 섬기는 일도 할 수 없을 것이다. (『맹자』공손추상)

우리 인간에게는 분명 선한 본성으로서의 사단(인, 의, 예, 지의 덕성을 이룰 수 있는 작은 경향성)이 선천적으로 간직되어 있으나, 그것이 그대로 현실에서 발휘되는 것은 아니다. 물을 주고 거름을 주어 그것을 확충(배양)하지 않으면 단지 자기 부모 섬기는 일도 하지 못할 정도로 미미한 상태로 존재하기 때문이다. 그래서 우리는 마음을 다잡지 않으면 강력한 이기적 본능에 따르는 행동을 하게 된다. 본성을 함양하고 키워 내려는 공부가 필요한 까닭이다.

그렇다면 강력한 이기적 본능을 가진 인간이 그것을 조절하고 인을 드러내려면 어떻게 해야 할까. 맹자가 말한 사단지심을 어떻게 확충하여 현실에서 작동하도록 할 것인가?

그 대표적 방법으로는 공자의 '충서'와 맹자의 '입지'를 들 수 있다.

> 공자께서 말씀하셨다. "참아! 나의 도는 하나로 꿰뚫었느니라."
> 증자가 말하길, "그렇습니다." 공자께서 나가시니 문인들이 (그 말의 뜻을) 물었다. 증자가 말하였다. "선생님의 도는 충서忠恕일 뿐이다." (『논어』 이인)

여기서 말하고 있는 '하나로 꿰뚫었다'는 '충서'란 무엇일까. '충'이란 자기의 마음을 조금의 삿됨도 없이 진실하게 하는 것이고, '서'란 남이 나에게 해서 싫은 행동을 내가 남에게 하지 않는, 남에 대한 배려의 마음, 역지사지하는 마음, 즉 공감의 능력을 일컫는다(『논어』 위령공).
예를 들어 보자. 우리 사회에 뿌리 깊게 남아 있는 악습으로 고부간의
갈등과 병영문화가 있다. 여자가 결혼하면 누구라도 며느리가 되고, 자
기 아들이 결혼하면 누구라도 시어머니가 된다. 즉 한 여성이 며느리이
기도 시어머니이기도 한 것이다. 시차를 두고 이 두 역할을 다 하게 된
다. 그러면 며느리의 고충을 알 테니 시어머니가 되면 며느리를 잘 다독
이면서 좋은 관계를 유지할 것 같지만 그렇지 않다. 엄한 시어머니 아래
서 시집살이한 며느리가 나중에 시어머니가 되면 오히려 며느리를 더
욱 매몰차게 대한다고 하지 않던가. 그러니 소위 '고부간의 갈등'이 수
천 년 동안 계속되고 있는 것이리라. 군대도 마찬가지다. 요즘에는 폭
언이나 폭행이 줄었다고는 해도 역시 군대는 군대. 아무래도 후임은 선
임 눈치 보느라 힘들 것이다. 그런데 어떤 못된 선임이 있어 별것 아닌
일 가지고 매일 나를 괴롭히고 그로 인해 고통의 날을 보냈다면, 내가
선임이 되었을 때 새로 들어오는 후임들을 잘 대해 주어야 할 텐데 이것
역시 그렇지는 않나 보다. 그러니 오랜 세월 선후임 간 갈등의 문제가
계속되는 것 아니겠는가. '남이 나에게 하면 싫은 행동을 나는 남에게
행하지 않는다'는 것이 말은 쉽지만, 실천하기는 매우 어려운 일이다.
이것 하나만이라도 잘 지켜 가면 세상은 충분히 아름다워질 것이다.

　　　충과 서를 꾸준히 행하면 인이 이루어진다. 인의 마음은 "자기가

서고자 하는 곳에 남도 세워 주고, 자기가 도달하고자 하는 곳에 남도 도달하게 해 준다"(『논어』 옹야). 사랑하기에 가능한 일이다. 그런데 이런 말을 하면 사람들은 "그래서야 남에게 뒤처지기만 하니 어떻게 잘 살 수 있겠는가?"라고 묻는다. 그런데 생각해 보자. 경쟁에 매몰되어 남보다 앞서야만 한다고 생각하는 우리는 이해하기 어렵겠지만, 곰곰 생각하면 사실 남과 함께 도달한다고 해서 내가 뒤처지거나 덜 행복한 것은 아니다. 오히려 남을 위하는 마음을 통해 행복은 더 커질지 모른다. 그리고 욕심을 내서 아득바득 남을 이기려는 마음을 갖지 않을 뿐, 자기 일이나 책무를 게을리하라는 말도 아니다. 자기 일을 열심히 성심껏 수행하면서도 남을 배려해 주는 마음 이것이 바로 인의 마음인 것이다. 남보다 앞서가는 것에 목표를 두지 않고서도 우리는 얼마든지 자신의 능력을 마음껏 발휘할 수도 있고 행복할 수도 있다. 오히려 남을 앞서려 할 때 행복은 순식간에 깨지고 만다. 공자가 말하고자 한 것이 바로 이것이다. 이 마음으로 자신을 채울 때 탐욕이 사라지고, 이 마음으로 타인과 관계할 때 '예'가 생겨나는 것이다. 이것은 깊은 내적 성찰과 반성, 그리고 강한 의지, 그와 더불어 남에 대한 사랑과 배려의 마음이 어우러져야 가능한 것이다.

우리에게도 이것이 아주 불가능한 것은 아니다. 우리에게는 ―비록 연약하지만― 그것을 행할 수 있는 토대가 마련되어 있지 않은가. 그 마음을 믿고, 오늘보다 내일, 내일보다 모레, 한 달 후, 일 년 후에 조금씩 거기에 더 가까이 갈 수 있게 실천해 가면 된다. 본래 하루아침에 할 수 있는 일이 아니다. 조금조금 아주 조금씩, 오늘 그리고 내일은 좀 더! 앞서 말했듯 태어나서 죽을 때까지 평생을 마음에 두고 행해 가야 하는 것이다. 그러면 문득 충서에 익숙해져 오히려 충서를 행하지 않을 수 없는 때가 올 것이다. 공자는 나이 70에 그런 경지를 맛보았다. 유명한 '종심소욕불유구從心所欲不踰矩'라는 말이 그것으로, '내가 어떻게 하려고 마음먹고 행하는 것이 아니라 그저 마음이 바라는 대로 행해도 법도에 조금도 어그러지지 않는 상태'를 말한다.

공자가 '충서'를 말했다면, 맹자는 '입지立志' 즉 '의지를 강력히 세울 것'을 강조한다. 서양의 철학자 칸트는 도덕률을 제시하면서 윤리학의 새로운 장을 여는데, 인간이 도덕률을 따르지 않고 악을 저지르는 이유를 '도덕에의 나약한 의지' 때문이라 역설하였다. '입지'란 무엇인가. 도덕적 삶을 살고자 하는 의지, 내 안에 선천적으로 탑재되어 있는 선한 사단의 마음을 현실에서 실천하고자 하는 의지, 그리하여 인간으로서 인간다운 길을 걷고자 하는 의지를 강력히 세우라는 것이다. 그저 머리로만 생각하는 것이 아니라, 열정으로 마음 밑바닥에서 솟구쳐 나오도록 하라는 것이다. 앞에서도 언급한 바 있거니와 "손가락이 다른 사람들과 같지 않은 것은 싫어하면서도 마음이 다른 사람들과 같지 않은 것은 싫어할 줄 모르니, 이런 것을 두고 일의 경중을 모른다고 하는 것이다"라고 하듯이, 내 마음이 남만 같지 못함을 알면 단도직입 이 마음을 구하는 데(求放心) 진력해야 한다. 이렇게 되면 '나의 기운'이 그 의지를 따르게 된다. 다시 말해 내 몸과 마음을 작동시키는 기운이 강력한 나의 의지에 따라 유행하게 되는 것이다. 이때 우리가 말하는 소위 '도덕적 삶'이 이루어진다. 공자가 말한 "인仁 하고자 하면 이에 인仁이 내게 이른다"(『논어』 술이)는 말은 이것을 말한 것이다.

평소 책상에 조금만 앉아 있어도 몸이 근질근질하고 쑤셔서 지긋이 오래 앉아 책을 보지 못하는 사람이 있다고 하자. 그런데 어느 날 책속의 한 줄이 번개 치듯 마음을 뒤흔들어 놓았고, 이는 그 사람의 평생 좌우명이 되었다. 그리고 이 사람은 이제 오래도록 책상에 앉아 글을 읽고 써도 전혀 힘들지 않았다. 우리는 이런 예를 가끔 본다. 분연히 의지를 세우면 힘든 마라톤 코스도 완주하고, 일어나기 어렵던 아침 시간에도 가볍게 일어나는 경우가 있지 않은가. 이것은 바로 의지가 강력히 세워져서 우리 몸의 기운이 그 의지를 따르고 있기 때문이다. 이렇게 될 때 우리의 기는 우주와 일체화된 '호연지기浩然之氣'를 이룰 것이고, 이에 조금도 주눅 들지 않은 당당함 ―우주적 생생生生작용에 동참하고 있다는 자존감― 이 나를 이끌어 나갈 것이다. 그런 자가 남을 사랑하고 배려하며 자기의 욕구를 적절히 조절할 수 있음을 상상하기는 어렵지 않다.

물론 후기에 가면 불교가 들어오고 불교적 수행론의 영향을 받아 —이즈음 유가는 불교의 영향으로 내재적 덕성론을 완성한다— 유가도 주정主靜공부나 경敬공부 등 내면에 치중하는 공부방법을 도입하지만, 유교가 성립되는 초창기의 수행방법은 위와 같았다. 나는 이러한 공부가 명상을 통한 공부 이상으로 중요하고 현실적이며 효과도 크다고 생각한다. 매일매일 일상에서 도덕적 지향점을 의식하면서 한 발 한 발 나아가려는 노력, 어제보다 조금이라도 더 거기에 가까워지려는 의지, 그것들이 결국 우리를 목적지로 인도해 줄 것이다. 물론 명상을 통한 공부가 그러한 의지를 자각·강화시키는 데 중요한 역할을 하고 있음은 분명하지만, 일상 속에서의 실천 역시 그에 못지않게 중요한 공부임에 틀림없다.

탐욕을 극복하는 발본색원의 방법, 이것을 통해서만이 우리의 본래 마음이 드러나고, 우리 생명의 본래 능력이 발휘되어 자연히 중용점을 찾아가게 된다. 중中이란 산술적 중간점이 아니라 '균형 잡힌 욕망의 처리방식'인 것이다. 이때 비로소 부에 대한 욕심을 조절하여, 부의 노예가 되는 것이 아니라 부가 우리에게 봉사하도록 할 수 있다.

남을 사랑하고 배려하며 공감하는 마음 없이 과연 인간이 행복할 수 있고 사회, 국가가 행복할 수 있을까? 나만을 생각하는 사리사욕이 자라나, 그 마음으로 부자가 되고 귀한 신분이 된다 한들 거기에 행복이 깃들 수 있을까? 행복은 인간관계에서 오는 것. 그 관계를 사랑으로 엮어 나가고, 그래서 남과 공감하고 하나 될 때 인간의 완성이 이루어지고 행복이 깃든다.

이런 점에서 『중용』의 첫 구절은 의미심장하다. "天命之謂性, 率性之謂道, 修道之謂敎." 사람의 본성은 우주적 근원성과 맞닿아 있나니, 그 본성을 따르는 것이 바로 인간이 걸어야 할 길이며, 그 길을 닦아 나가는 것이 가르침이고 교육인 것이다!

2. 도가

도가는 지구상의 수많은 생명체 중 그 자신 '자연'이면서도 자연을 어기고 '인위'로 사는 유일한 존재 그것이 바로 인간이라고 보았다. 그들은 인간의 생각과 이에 따른 행위의 많은 부분이 자연(본래성)에서 나온 것이 아니라 인위적이고 자의적인 것이라고 단언한다. 여기서 말하는 '자연'이란 산과 들과 바람 등을 말하는 것이 아니다. '자연自然'이라는 말은 '스스로 자自'와 '그러할 연然'으로 이루어져 있고 따라서 그것은 '스스로 본래 그러한 것', 즉 모든 생명체의 자기 본연성·본래성을 말하는 것이다. 그리고 '인위'란 그 자연성(본래성)을 어기고, 인간의 언어(지성)적 한계 또는 힘과 권력 그리고 전통이라고 하는 미명하에 인간의 자유 ―자유로운 가치판단과 그에 따른 욕구― 를 억압하는 왜곡된 '가치체계'를 말한다. 장자에 의하면 "소와 말에 네 발이 있는 것이 자연이고, 말 머리에 고삐를 달고 소의 코에 구멍을 뚫는 것이 인위이다"(『장자』추수). 그들이 말하는 '무위자연無爲自然'이란 '인위적이고 자의적인 것을 없애고 태어난 본래 그대로의 자연으로 돌아가라'는 말이다. 그들은 왜 '인위'를 부정했을까. 사람들은 자연성을 극복하고 인위에 의해 더 나은 방향으로 나아갈 수도 있지 않을까? 한 예로, 인간의 자연성을 '이기적'으로 본 순자는 인위야말로 '선'임을 강조한다. 그러나 도가사상가들의 대답은 'NO'이다. 자연은 카오스가 아니라 최고의 질서이다. 모든 존재가 각자의 자연성에 따를 때 세상은 저절로 조화를 이룬다. 그것이 자연의 힘이고 도의 힘이다. 그리고 거기에 행복이 있다. 그것을 망쳐 놓는 것이 인간의 인위이다. 거기서 탐욕이 시작되며, 그 끝은 고통과 몰락이다. 왜 그럴까?

　　판타 레이panta rhei! 만물은 유전流轉한다. 공자도 강물을 보면서 "모든 것이 이처럼 흘러간다"고 말하지 않았던가. 그런데 한순간도 머물지 않고 끊임없이 변화해 가는 이 세상의 실재를 우리 인간의 언어로는 파악할 수 없다. 우리의 언어는 변화하는 것을 '고정된 것'으로 개념화하여 표현할 수 있을 뿐이다. 언어가 그러하니 우리의 사고도 그러하다.

이러한 지식의 특성을 '분별지分別知'라고 한다. 동양의 많은 사상이 진리는 '언어도단'의 세계임을 강조하거나, 『도덕경』 제1장 첫머리가 "도를 말로 표현하게 되면 이미 그것은 도의 진면목이 아니다"라는 말로 시작되는 것은 이 때문이다.

우리는 죽음을 두려워한다. 서구의 연금술도 동양의 불로초도 모두 죽음을 극복하고자 하는 인간의 염원이 만들어 낸 것이다. 그러한 노력은 지금도 뜨겁게 진행 중이다. 사실 죽어 본 사람이 없으니 '죽음'의 세계가 어떤 것인지도 모르지만, 우리는 본능적으로 죽음을 두려워하고 피하려고 한다. 사랑하던 모든 것들과 영원히 이별하여 완전히 무無가 된다는 것이 어찌 두렵지 않겠는가? 삶에 익숙해 있기에 더욱 두려울 것이다. 그런데 문제는 삶에 집착하고 죽음을 두려워하면서 우리의 삶은 오히려 피폐해진다는 것이다. 살기 위해, 아니 조금이라도 죽음을 유예하기 위해 우리가 벌이는 사투를 생각해 보라! 그런데 혹시 누가 알겠는가? 장자가 말하듯, 저승이 이승보다 훨씬 좋은 곳인지, 그래서 죽은 후 왜 빨리 안 죽고 버텨 보려 고생했는지 후회할지도.

'죽음'은 인간의 한계상황이다. 그러므로 우리는 죽음의 문제를 극복하고 죽음에 연연하지 않는 사람들을 보면 존경하고, 그 초연함에 절로 고개를 숙이게 된다. 장자가 바로 그런 사람, 즉 삶과 죽음의 한계를 넘어선 사람이었다. 장자는 말한다. "삶은 죽음의 동반자다. 죽음이란 삶의 시작이다. 사람이 사는 것은 기가 모였기 때문이다. 기가 모이면 삶이 되고, 기가 흩어지면 죽음이 된다. 죽음과 삶이 같은 종류라고 한다면 무엇을 근심하겠는가"(『장자』 지북유). 생과 사는 그저 자연의 변화이며 나를 싸고도는 한바탕 '기의 약동'이다. 생과 사의 참모습을 깨달으면 죽음을 두려워할 필요도 없고, 생에 집착할 필요도 없다. 거역할 수 없는 대자연의 변화(운명)를 그저 받아들이기만 하면 ―장자는 이것을 '安命(운명을 편안히 받아들임)'이라 한다― 생사를 초극하여 삶의 자유로움과 행복을 구가하게 된다. 『장자』 제물론에 보이는 유명한 장자의 호접몽 우화[01]가 그걸 말해 주고, 부인 장례식장에서의 장자의 행동이 그것을 실천하고 있다. 좀 길지만 전문을 인용하기로 한다.

> 장자의 아내가 죽어서 혜자가 문상을 갔다. 장자는 마침 두 다리를 쭉 뻗고 앉아 그릇을 두들기며 노래하고 있었다. 혜자가 물었다. "아내와 함께 살면서 자식을 키우고, 함께 늙어 가다 그 아내

---

01 "어느 날 장주는 나비가 된 꿈을 꾸었다. 훨훨 나는 나비가 되어 유쾌하게 즐기면서도 자기가 장주라는 것을 깨닫지 못했다. 그러다 문득 깨어 보니 장주가 아닌가! 도대체 장주가 꿈에 나비가 된 것일까? 아니면 나비가 꿈에 장주가 된 것일까?"(『장자』 제물론). 장주와 나비 사이에 피상적인 구별은 있을지언정 절대적이고 존재론적인 변화는 없다. 나비가 곧 장주이고 장주가 곧 나비이다. 만물은 이렇게 끊임없이 자기의 외형을 바꿔 가며 생멸하지만, 그 근원적 존재성에서 보면 하나인 것이다. 우리 인식의 한계 때문에 그 사실을 깨닫지 못할 뿐이다.

가 죽었는데 곡조차 하지 않는다면 그것도 무정하다 하겠거늘, 더욱이 그릇을 두드리며 노래를 해 대다니 너무 심한 것 아닌가." 그러자 장자가 말했다. "아니, 그렇지 않다네. 아내가 막 죽었을 때에는 나라고 어찌 슬퍼하는 마음이 없었겠는가. 그런데 그 (태어나기 이전의) 근원을 살펴보면 본래 삶이란 없었던 것 아니던가. 그저 삶이 없었을 뿐 아니라 본래 형체도 없었지. 비단 형체가 없었을 뿐 아니라 본시 기氣도 없었고. 그저 흐릿하고 어두운 속에 섞여 있다가 변해서 기가 생기고, 기가 변해서 형체가 생기며, 형체가 변해서 삶을 갖추게 되지. 이제 다시 변해서 죽은 거고. 이는 춘하추동이 서로 계절을 되풀이하여 운행하는 것과 같으니, 아내는 지금 천지라는 커다란 방에 편안히 누워 있는데 내가 소리를 질러 울고불고한다면, 이는 하늘의 명(천명)을 모르는 것 아니겠나. 그래서 곡을 그쳤다네." (『장자』 지락)

생生과 사死는 경계를 그을 수 없다. 생과 사는 연속적 흐름(변화)이기 때문이다. 생과 사의 한가운데 서서 그것을 보면 생 속에 사가, 사 속에 생이 함께하며 끊임없이 돌고 도는 자연의 순환일 뿐이다. 그렇다면 생사에 연연할 필요가 없다. 그런데 왜 우리는 생사에 얽매여 살아가는 걸까? 그것은 인간의 지식구조(언어구조) 때문이다. 흐름을 흐름으로 인식하지 못하고 분별하여 인식할 수밖에 없는 인간의 지식으로는 '생은 생이고, 사는 사'다. 생과 사는 극단적으로 다른 두 가지 상태로, 절대 하나일 수 없다. 동양 사상에서 흔히 쓰는 말 중에 "一而二, 二而一"이라는 말이 있다. 하나이면서 둘이고, 둘이면서 하나라는 말이다. 그런데 이게 인간 언어체계에서는 도대체 말이 되지 않는다. 결단코 '하나는 하나이고, 둘은 둘'인 것이다.

문제는, 이렇게 나누게 되면 생에 집착하고 사를 피하려는 인간의 욕망이 발생한다는 것이다. 노자나 장자에 의하면, 이러한 욕망은 우리의 본래적 생명에서 나오는 것이 아니라 왜곡된 인위에서 비롯되는 것으로, 여기서 우리의 불행이 시작된다. 생에 대한 집착이 우리 인류를 얼마나 많은 불행에 빠트렸는지는 설명하지 않아도 알 것이다. 노장이 인간의 분별적 지식을 부정적으로 본 이유가 여기에 있다.

> 옛날의 진인眞人은 삶을 기뻐할 줄도 모르고 죽음을 싫어할 줄도 몰랐다. 태어남을 기뻐하지도 않고, 죽음을 거역하지도 않았다. 그저 자연을 따라서 갔다가 자연을 따라서 올 뿐이다. … 이것을 일러 분별심으로 도를 훼손하지 않고, 인위를 자연에 덧보태지 않는 것이라고 한다. 이런 자야말로 진인인 것이다. (『장자』대종사)

아담과 이브는 왜 낙원에서 쫓겨나 '실낙원'의 삶을 살게 되었는 가? 뱀의 유혹에 빠져 선악과(지식의 나무 열매)를 먹은 탓이다. '선악과'란 선과 악을 나누는 분별지, 그렇다, 인간의 지식이다. 아담과 이브는 욕망의 유혹을 이겨 내지 못하고 본래의 통합적 사고로부터 선과 악, 삶과 죽음을 나누는 인간적 분별지의 세계로 들어간 것이고, 이때부터 인간은 '낙원'을 잃어버리고 말았던 것이다. '새옹지마'라는 유명한 고사 역시, 화禍 속에 이미 복福이, 복 속에 이미 화가 깃들어 있어 양자를 나눌 수 없음을 말해 주고 있다. 그러나 그것을 알 수 없는 인간의 지식은 양자를 칼로 긋듯 나누고는, 매사를 일희일비하면서 살아간다. 여기서 인간의 자유는 구속되고 탐욕은 자라난다.

생과 사만 그런 것이 아니다.

유와 무는 서로 의존하여 존재하고, 어려움과 쉬움은 서로 이루어 준다. 길고 짧음은 서로 드러내 주며, 높음과 낮음은 서로 기대어 있다. (『도덕경』 2장)

삼십 개의 바큇살이 하나의 곡轂에 모이는데 텅 비어 있기 때문에 수레의 쓰임이 있다. 진흙을 이겨서 그릇을 만드는데 가운데가 텅 비어 있기 때문에 그릇으로서의 쓰임이 있다. 문과 창문을 뚫어서

집을 만드는데 그 무無에 집의 쓰임이 있는 것이다. (『도덕경』 11장)

　　세상의 참모습은 유무상생有無相生(유와 무가 따로 존재하는 것이 아니라 서로 의존하여 존재함)한다. 자연에는 유와 무, 미와 추, 장과 단의 구별 또는 간극이 없다. 그것은 한 새끼줄을 직조하고 있는 두 날줄이며, 동전의 양면이고, 뫼비우스의 띠처럼 하나로 연결된다. 유를 따라가다 보면 무가 있고, 무를 따라가다 보면 거기 유가 있다. 양자는 나눌 수 없는 하나인 것이다. 손바닥과 손등을 나눌 수 있겠는가! '그릇'은 분명 '유'이지만 그릇의 텅 빈 부분 즉 '무'가 없다면 그릇으로 존재할 수 없다. 실상 그릇은 유와 무가 함께 어우러져 있는 것이다. 그러나 우리의 지성은 이렇게 상생相生하는 양자를 나누어 인식한다. 유와 무를 분별하고, 장과 단을 분별한다. 그래서 인간의 지식을 '분별지'라 하는 것이다. 분별하면 가치가 나눠지고 우리는 ─우리 나름대로 규정한─ 보다 높은 가치에 매달리게 된다. 생(삶)에, 장수에, 부귀에, 미에 집착하는 행태는 이렇게 생겨나는 것이다. 그 집착이 인간을 불행하게 만들고 있음은 앞서 누차 설명하였다.

　　그런데 여기서 또 한 가지 노자가 주는 중요한 메기지가 있다. 서로 반대되는 것들이 서로를 이루어 준다는 '상반상성相反相成'의 법칙이다. 삼라만상은 끊임없이 변해 가지만 그 변화에는 방향성이 있다. 모든 존재는 자신 안에 모순을 품고 있다. 그리고 그 모순이 극에 이르면 현재의 자신과 대립하는 면으로 전화해 가는데, 노자는 이것을 자연의 법칙으로 보았다. 예를 들면 양陽은 자체의 모순으로 인하여 자신의 성질과 반대되는 쪽으로의 전화가 일어난다. 양이 음陰으로 변화하는 것이다. 그러나 음도 극점에 이르면 모순이 첨예화되어 다시 양으로의 전화가 일어난다. 이렇게 해서 음과 양의 끝없는 변화가 일어나는 것이다. 노자에 의하면, 음과 양만이 아니라, 미/추, 전/후, 유/무, 생/사, 고/하, 추위/더위, 슬픔/기쁨, 부/귀 등 온갖 존재가 이렇게 변화해 간다. 아마 자연현상에서 이러한 법칙을 착안하고, 그것을 인간 삶에 적용했을 것이다.

"접고 싶으면 반드시 먼저 펴 주고, 약하게 하고 싶으면 먼저 강하게 해 주어라. 제거하고 싶으면 먼저 흥하게 해 주고, 뺏고 싶으면 먼저 주어라"(『도덕경』 36장), "굽으면 온전해지고 구부리면 곧아지고, 파이면 채워지고 오래되면 새로워진다. 적으면 얻게 되고 많으면 잃게 된다"(『도덕경』 22장), "지나치게 아끼면 반드시 크게 낭비하게 되고, 많이 소유하면 반드시 크게 잃게 된다"(『도덕경』 44장)는 말들은 모두 상반상성의 법칙을 표현하는 말들이다.

이러한 '상반상성'의 법칙이 중요한 것은, 우리에게 행동의 요령을 가르쳐 주고 있기 때문이다. 예를 들어 '성공'은 자체의 모순이 축적되다가 극점에 다다르면 '실패'로 전화해 간다. 그렇다면 우리는 어떻게 행동해야 '실패'를 막을 수 있을까? 성공했다고 우쭐거리거나 남을 지배하려고 들면 안 된다. 그것은 실패로의 급전회를 일으킨다. 모순을 증폭시켜 반대편으로의 전화를 재촉하는 가장 큰 요인이 바로 탐욕인 것이다. 그래서 만족을 아는 '지족'이 필요한 것이다. 이를 아는 사람은, 성공했더라도 오히려 자신의 목소리를 낮추고 겸손히 남의 뒤에 처한다. 자신을 내세우지 않고 성공하지 못한 사람들을 격려하는 태도를 견지한다. 이렇게 되면 모순이 쌓이지 않아 오래도록 성공의 위치를 점하게 되는 것이다. 마찬가지로 부자는 가난한 자를 이해하고 도우며 검소하게 살아야 한다. 이것이 부를 유지하는 유일한 길이다. 부를 자신의 위세로 삼거나 권력과 야합하여 더욱 부를 늘리려는 생각, 가난한 사람들을 멸시하고 지배하려는 태도는 얼마 가지 않아 부를 상실케 하고 만다. 이것이 세상의 법칙인 것을! 그래서 노자는 말한다. "강한 나라가 작은 나라에 대하여 겸손하면 작은 나라가 스스로 받들 것이요, 작은 나라가 큰 나라에 겸손하면 큰 나라에게 보호받을 것이다"(『도덕경』 61장). 장자역시 다음과 같이 말한다. "안전과 위험이 서로 바뀌고, 재앙과 복이 서로를 낳으며, 장수와 요절이 서로 겨루고, 삶과 죽음이 서로 이루어 준다"(『장자』 측양).

한비자는 이러한 삶의 이치를 매우 알기 쉽고 간결하게 말해 주고 있다.

사람에게 복이 있으면 부유하고 귀해진다. 부유하고 귀해지면 입을 것과 먹을 것을 추구하게 되고, 입을 것과 먹을 것을 추구하게 되면 교만한 마음이 생긴다. 교만한 마음이 생기면 행동이 사악해지고 괴팍해져 도리에 맞지 않는 행동을 하게 된다. 행동이 사악하고 괴팍해지면 요절하고, 도리에 맞지 않는 행동을 하면 공을 이루지 못한다. 무릇 안으로는 요절의 재난이 닥치고 밖으로는 공을 이루지 못하니 이는 큰 재앙이다. 이처럼 재앙은 본래 복이 있는 곳에서 생긴다. 그래서 '복은 화가 숨어 있는 곳'이라고 말하는 것이다. (이와 반대로) 재앙을 당하면 마음이 두려워지고, 마음이 두려워지면 행동이 단정해지며, 행동이 단정해지면 재앙과 화가 없게 되고, 재앙과 화가 없으면 천수를 다하게 된다. 행동이 단정하면 생각이 무르익고, 생각이 무르익으면 사물의 이치를 얻게 되며, 사물의 이치를 얻게 되면 반드시 공을 이루게 된다. 천수를 다하면 온전하게 장수할 것이며 공을 이루면 부유하고 귀해질 것이다. 온전하게 장수하고 부유하고 귀한 것을 '복'이라고 한다. 이처럼 복은 본래 재앙이 있는 곳에서 생긴다. 그래서 '재앙은 복이 기대는 곳'이라고 말하는 것이다. (『한비자』해로)

끊임없이 대립·통일을 반복하는 도의 세계에서 우리는 과연 어

떻게 행동해야 할 것인가, 그 지침이 극히 간명하게 서술되어 있지 않은 가! '反者道之動', 극에 다다르면 되돌아오는 것이 세상의 이치인 것이 다!(『도덕경』 40장).

단, 여기서 주목할 것은, 장자는 노자보다 한 발 더 나아가 '상대' 너머의 '절대'를 지향한다는 점이다. 대립을 넘어서 분별이 무의미해지는 이 절대의 지점을 '환중環中'이라고 한다. 표층적 세계에서 보면 a는 -a로, -a는 다시 a로 변해 가지만, 무차별의 심층에서 보면 a와 -a는 본래 하나이다. 여기가 바로 순환의 중심인 '환중'이다. 여기에 서면 완전 자유의 '본래적 나'와 만난다. 이 경지를 장자는 '道樞(도의 지도리)'라고 한다. "저것과 이것이 대립되지 않는 것을 도추라고 한다. 도추라야 순환의 중심을 얻으며, 그때 비로소 무한히 응할 수 있게 된다"(『장자』 제물론)는 장자의 말은 바로 이것을 가리키는 것이다. 이것이 상대성을 넘어선 장자적 '무위자연'의 경지이다.

우리를 인위로 내모는 것은 '분별지'만이 아니다. 국가는 각종 명분과 이념으로 자신의 이데올로기를 강요하고 주입시킨다. 사회도 이와 다르지 않다. 거기에 덧붙여 전통이라는 오래된 무게가 우리를 짓누른다. 이에 우리의 본래 생명은 억압된다. 노장은 이 해악을 예리하게 꿰뚫어 보았다.

옛날 바닷새가 노나라 도성 밖에 날아와 앉았다. 노나라 임금이 새를 친히 궁전 안으로 데려와 좋은 술을 권하고, 아름다운 구소의 음악을 들려주었으며, 맛있는 소와 돼지 그리고 양을 잡아 대접하였다. 그러나 새는 어리둥절하고 슬퍼할 뿐, 고기 한 점 먹지 않고 술 한 잔 마시지 않았다. 그리고는 사흘째 되는 날 죽고 말았다. (『장자』지락)

인간이 세상을 어떻게 왜곡하는지 잘 보여 주고 있다. 통상 인간은 자기의 주관적 가치 기준에 입각하여 세상을 대하고 세상을 재단한다. 당대 최고의 말 조련 전문가로 백락伯樂이라는 자가 있었다. 백락은 말의 털을 적당히 깎고 말굽을 다듬어 내고, 재갈을 물리고 두 다리를 묶어 마구간에 거꾸로 매어 놓았다. 다리를 곧게 하기 위함이었다. 이렇게 해서 그의 손만 가면 평범했던 말들이 명마가 되어 마구간을 나왔다. 이에 모든 사람들이 백락이 없었다면 명마 또한 없으리라고 침이 마르도록 그를 칭찬했지만, 장자는 달랐다. 말이란, 세찬 비바람으로 목욕하면서 털로 추위를 견디고, 풀을 뜯어 먹으며 들판에서 뛰어노는 것이 본성이다. 그런데 백락은 그 자연성을 어기고 억지로 갖은 훈련을 통해 소위 '명마'를 만들어 냈다. 그러나 그 과정에서 수많은 말들이 죽어 나가는 것은 물론, 명마가 되어도 말로서의 일생을 살지 못하고 자유를 박탈당한 삶을 살아간다. 그의 삶은 자신의 행복이 아니라 자기를 키우는 인간의 행복을 위한 것이다. 이것이 어찌 조금이라도 말에 도움이 되겠는가! 장자는 유가의 인의예악이 바로 백락의 조련과 같은 것이라고 보았다. 그래서 다음과 같이 말한다.

> 내가 말하는 선이란 세상에서 흔히 말하는 인의가 아니라, 본성의 덕에 순순히 따른다는 것이다. 내가 말하는 선이란 세상에서 흔히 말하는 인의가 아니라, 본래 그대로의 자연스러운 성품에 맡긴다는 것이다. (『장자』 변무)

어느 날 주무숙周茂叔(주돈이)의 집에 친구가 찾아왔다. 때마침 집의 정원에 잡초가 수북이 자라 있었다. 이것을 본 친구는 한탄하듯 혼잣말로 중얼거렸다. "세상사란, 참! 악은 이리도 잘 자라는데 선은 왜 그렇게도 키워 내기가 힘든지!" 꽃은 피우기 힘들지만 잡초들은 아무런 보살핌 없이도 쑥쑥 잘 자라는 것을 인간 세상의 선과 악에 빗대어 말한 것이다. 이를 듣고 있던 주무숙이 슬며시 다음과 같이 말했다. "자네가 꽃을 선으로 보고 있기 때문에 그렇게 보일 뿐, 혹 잡초가 어딘가 필요하게 되면 자네는 잡초를 선으로 볼 것일세. 자연에 선과 악이란 존재하지 않는 걸세. 우리가 어떤 관점에서 사물을 인식하느냐에 따라 선과 악을 나누어 규정할 뿐이지." 우리는 주무숙의 친구처럼 세상을 대한다. 나의 필요와 기호에 따라 선과 악을 정하고, 그것에 따라 우리의 행동을 결정한다.

> 저 지극히 올바른 자는, … 길다고 넘친다 하지 않고, 짧다고 부족하다 여기지 않는다. 오리는 비록 다리가 짧지만 그것을 (길게) 늘려 주면 괴로워하고, 학은 비록 다리가 길지만 그것을 자르면 슬퍼한다. 그러므로 본래부터 긴 것을 잘라서는 안 되며, 본래부터 짧은 것을 늘려 주면 안 된다. 그러니 (본래가 짧건 길건) 이것을 근심하고 걱정할 까닭이 없다. (『장자』 변무)

학은 다리가 길어야 하고 오리는 짧아야 한다. 그런데 인간의 인위적이고 자의적인 척도로 보면, 학은 다리가 너무 길고 가늘어 바람만 불어도 위태롭고, 오리는 다리가 너무 짧아 잘 달리지 못하는 관계로 목숨도 부지하기 어려워 보인다. 그래서 학의 다리를 잘라 오리 다리에 붙여 주고는 "이제야 학과 오리 모두 몸에 맞는 적당한 다리를 갖게 되었다!"고 안심한다. 그런데 그 순간 학과 오리는 모두 죽고 만다. 학은 다리가 긴 것이 본성이고, 오리는 짧은 것이 본성이다. 그러나 인간은 세상을 대하며 이처럼 자기의 기준으로 '자연'을 재단하고 가치를 매긴다.

그런데 그 '자기의 기준'은 주입되고 강요된 것이다. 이것은 가치의 획일화를 초래한다.

> 천하 사람들이 모두 아름다움(美)을 아름다움으로 아는 것 이것이
> 악이며, 천하 사람들이 모두 선함을 선하다고 하는 것 이것이 불
> 선不善이다. (『도덕경』 1장)

획일화된 인위적 가치는 인간 삶의 다양한 기준을 억압하고 그것에 의해 강요된 삶을 살아가게 한다. 따라서 '인위'로 사는 우리는 자유롭지 못하다. 여기서 자유롭지 못하다는 것은, 내가 하고자 하는 것 모두를 할 수 없다는 뜻이 아니다. 그런 자유는 시공을 사는 어떤 존재에게도 불가능하다. 시공을 살고 있는 우리에게 '진정한 자유'란 본래의 내가 욕구하는 것들을 욕구하고 획득하는 것이다. 그렇다면 우리는 욕구로부터 자유롭지 않단 말인가? 그들은 그렇다고 답한다. 우리는 자유로운 욕구를 갖지 못한다. 부지불식중에 우리로 하여금 강제적이고 요구된 욕망을 갖게 하는 외적 요인들이 있다. 앞서 말했듯, 언어적 한계는 물론 오랜 시간에 걸쳐 이루어진 시스템이나 제도, 관습들이 거기에 해당한다. 게다가 자기 자신도 기억의 편집에 의해 스스로를 기만하여, 보고 싶은 것만 보고 듣고 싶은 것만 듣고 이것들만 기억한다. 여기서

왜곡된 가치관과 왜곡된 욕망이 생겨난다.

　　인간은 누구나가 제각기 완벽한 아름다움을 지니고 있다. 자연이 준 축복이다. 키가 작으면 작은 대로, 눈이 파라면 파란 대로, 그 어떤 것도 자신에게 있어 완전한 아름다움이다. 그런데 인간은 사회적으로 획일화된 '미'의 기준을 강요받는다. 키는 얼마나 커야 하고 초콜릿 복근을 가져야 하며 힙은 어때야 한다는 등 이 기준에서 벗어나면 열등감 속에서 살아간다. 조금이라도 이 기준에 도달하기 위해 갖가지 방법을 사용하며, 수술이라는 극단적 방법에도 손을 댄다. 그래도 불완전하다고 생각하면 깊은 좌절에 빠져 삶을 포기하는 경우까지 생긴다. 그러나 노장은 말한다. 우리 모두는 본래 완벽한 아름다움을 지니고 있으며, 인위적 사고를 걷어 내는 순간 그것을 보게 될 것이라고.

　　명분과 이념, 그리고 사회 시스템에 의해 발생한 욕망도 인간의 본래적인 욕망에 속하지 않음은 물론이다. 예를 들어, 사회적으로 성공하고자 하는 욕망, 남에게 인정받고 싶은 욕망, 부귀해지고 싶은 욕망 등은 우리에게 있는 본질적인 욕망이 아니라, 사회에서 강제된 허구적 욕망에 불과하다. 강남3구에 살면서 BMW나 벤츠를 몰아야 한다는 것, 어떤 직업을 가져야 하고, 배우자는 이 정도는 되어야 하며, 자식은 이 정도의 학교는 다녀야 체면이 선다는 것, 이것 역시 왜곡된 욕망이다. 왜곡된 욕망을 좇다가 얻지 못하면 괴로워하고 번민하며 심지어는 목숨마저 내버린다. '부자가 되어야 행복하다'고 여겨 부를 갈망하는 것도 '주입된(또는 강요된)' 욕망에 따른 것일 뿐, 우리 본래의 욕구에서 나온 것이 아니다. '부'는 강요된 욕망이다. 진정 자유로운 인간은 '(본래의) 자신'이 원하고 자신이 중요하다고 판단하는 것을 욕구하고 실천하는 존재이다. '웰빙'이란 자신의 본래적 욕구에 따라 사는 삶을 말한다.

　　도가의 눈에는, 헤아릴 수 없이 많은 것들이 모두 이처럼 왜곡되고 강제된다. 그래서 우리는 부자유스럽고 불행하다. 그것은 우리 몸에 맞지도 않을뿐더러 끝내 탐욕으로 이어지고 말기 때문이다. 탐욕은 자기 것이 아닌 것을 부러워하면서 불행에 덜미를 잡히고 만다. 자신에 만족하지 못하고 남을 부러워하는 욕망의 끝없음을 장자는 다음과 같이 말한다. "기夔는 현蚿을 부러워하고 현은 뱀을 부러워한다. 그리고 뱀은 바람을 부러워하고 바람은 눈을, 눈은 마음을 부러워한다"(『장자』 추수). 기夔란 전설적 동물로 외발 짐승을 말하는데 그 모양이 소와 비슷하고 푸른 빛깔을 띠며 우는 소리가 우레처럼 우렁차다고 한다. 그런데 이 기는 자기가 외발인 관계로, 비록 땅을 기어 다니지만 발이 100여 개나 달린 현(노래기)을 부러워한다. 그런데 노래기는 오히려 발이 하나도 없으면서도 스르르 미끄러지는 뱀을 부러워하고, 뱀은 아무런 자취도 없이 종횡무진하는 바람을 부러워하며, 바람은 움직이지 않으면서도 먼 곳을 응시할 수 있는 눈을 부러워한다. 그리고 눈은 자기를 조종하는 마음을 동경한다. 이 모든 것이 자신에 만족하지 못하기 때문이며, 왜곡된 인위적 욕망 탓이다. 강요되고 주입된 인위를 덜어 내면 인간 모두가 본래 미인이고, 본래 완벽하며, 본래 행복한 것을!

그렇다면 인간은 어떻게 살아야 하나? 어떻게 사는 것이 탐욕을 극복하는 무위자연적 삶인가? 장자는 노자의 '허정虛靜(비우고 고요함)'의 정신을 계승하여 '심재좌망心齋坐忘(비우고 잊음)'을 제기한다. '유약柔弱(부드럽고 약함)'의 삶도 그들이 추구하는 삶의 모습이다.

먼저 유약한 삶에 대해 알아보자. 노자는 말한다. "사람이 살아 있을 때는 부드럽고 약하지만, 죽으면 단단하고 뻣뻣해진다. 만물과 초목도 살아 있을 때는 부드럽고 연하지만, 죽으면 마르고 뻣뻣해진다"(『도덕경』 76장). 나뭇잎을 보라! 처음 가지에서 싹틀 때 얼마나 보드라운지. 어린 아기의 몰캉몰캉한 볼의 감촉은 또 어떤가. 절로 입술이 다가가게 하지 않는가. 그러나 시간이 지나 가을이 오면 지기 전의 잎은 뻣뻣하고 억세며 결국 낙엽이 되어 떨어지면 '빠삭' 하고 부스러질 만큼 푸석하다. 나이가 들어 갈수록 그 보드라웠던 볼은 탄력과 윤기를 잃고 푸석푸석해지며, 노인네가 되어서는 뻣뻣하게 뼈마디에 간신히 붙어 있다. 그리고 죽어서는 돌처럼 단단해진다. 노자는 "부드러움은 생명의 상징이요, 강고함은 죽음의 상징"이라고 말한 적이 있거니와, 힘차게 약동하는 생명치고 부드럽지 않은 것이 없다. 운동선수가 스트레칭을 하는 이유도 몸을 부드럽게 해야 경기에서 다치지 않고, 경기 중에도 강한 펀치가 나오고 홈런도 나오기 때문이다. "아, 저 선수 너무 힘이 들어가 있네요!" 하는 스포츠 해설가의 아쉬움 섞인 말을 종종 듣는다. 좀 뭐한 이야기지만, 이상하게 술 먹고 취한 상태에서 넘어지면 크게 다치지 않음을 한두 번씩은 경험했을 것이다. 왜 그럴까? 몸이 굳지 않고 부드럽게 이완되어 있기 때문이다. 갑자기 술 이야기라니 이상하다 생각할지 모르겠다. 그렇다면 『장자』를 펴라. 거기서 이런 말을 만나게 된다.

> 무릇 술 취한 자가 수레에서 떨어지면 다치기는 해도 죽는 일이란 없지. 뼈마디나 관절은 남과 같은데 상해를 입는 것이 남과 다름은 그 정신상태가 무아무심하여 온전하기 때문일세. 그는 수레를 탔다는 것도 모르고 떨어졌다는 것도 모르지. 죽음과 삶, 놀라움과 두려움 따위가 그 마음속에 들어가 있지 않으므로 사물에 부딪혀도 두려워하지 않는 것이지. 수레에서 (정신의) 온전한 상태를 얻고도 이 정도이거늘 자연으로부터 온전함을 얻은 자라면 어떠하겠는가? (『장자』달생)

'부드럽고 약한 삶'이란 긴장되지 않고 —왜냐하면 죽음이라는 그림자가 어른거리지 않으므로— 부드럽게 풀려 있어 생명이 약동하는 삶이다. 물론 노자나 장자가 말하는 '유약'이란 몸만이 아니라 '정신의 부드러움'을 말한다. 정신이 이완되어 경직되지 않은 삶이 바로 유약한 삶이다. 정신이 부드럽게 이완되기 위해서는 우리의 욕망을 부추기고 탐욕을 일으키는 기존의 가치체계와 관념으로부터 벗어나야 한다. 유약한 삶의 반대는 '강건한 삶'이다. 강건한 삶이란, 경쟁에서 이기려고 잔뜩 긴장한 삶이다. 누군가를 앞서고 누군가보다 부자가 되어 타인의 부러움을 받으면서 살려는 과시적 욕망으로 가득한 삶, 이것이 강건한 삶이다. 노장은 이러한 삶은 '죽음'을 향해 가는 삶이라고 말한다. 어린아이가 부드러움[02]을 갖고 있는 것은 기존의 강요된 지식 세계의 세례를 받지 않아 본래 자연성을 그대로 유지하고 있기 때문이다.

'소박素樸'하다는 말이 있다. '소'는 염색하지 않은 실을 말하고, '박'은 켜지 않은 통나무를 말한다. 즉 '소박'이란 인위적인 것을 가하지 않은 자기 본연의 상태를 말한다. 어린아이의 마음은 바로 인류의 소박함 그대로이며, 어떠한 성심成心(지식에 의해 쌓인 주관적 틀, 선입견과 편견에 사로잡힌 마음)도 없으며 따라서 왜곡된 욕심도 없다. 순수한 본성 그 자체이며 우주의 기와 조화롭게 하나가 된 본연의 상태 그대로이다. 그러나 우리

---

02 "두터운 덕을 간직한 자는 어린아이와 같다. 독충이 그를 쏘지 않으며 사나운 새나 맹수가 그를 할퀴지 못한다. 뼈는 약하고 근육은 부드러우나 쥐는 힘은 굳세다. … 종일 울어도 목이 쉬지 않는 것은 조화가 지극하기 때문이다"(『도덕경』 55장).

는 나이를 먹어 가면서 주위로부터 본성을 가리는 갖가지 (인위적) 지식을 받아들이고 점점 강건해져 간다. 몸도 마음도 죽음을 향해 가는 것이다. 노자가 '적자지심赤子之心(어린아이의 마음)'을 강조하는 이유가 여기에 있다. 장자 또한 다음과 같이 말하고 있다.

> 어린아이는 종일 울어도 그 목이 쉬지 않소. 그것은 도와의 화합
> 이 지극하기 때문이오. 종일 손을 쥐고 있어도 손이 아프지 않소.
> 그것은 덕과 함께하기 때문이오. 종일 눈을 뜬 채 보고 있어도 눈
> 을 깜빡이지 않는 것은 외계에 사로잡힌 마음이 없기 때문이지
> 요. 가도 어디로 가는지를 모르고, 머물러 있어도 무엇을 하겠다
> 는 생각이 없소. 모든 것을 있는 그대로에 순응하여 물결치는 대
> 로 따라가지요. 이것이 바로 양생의 도라오. (『장자』경상초)

심신을 부드럽게 이완시키는 것은 우리 안에 강고히 자리하고 있는 인위적 틀(成心)을 제거하기 위함이다. 그 본격적인 방법은 '심재좌망'으로 이어진다.

안회가 위나라에 가서 군주의 잘못을 바로잡아 주고 싶다고 하자, 공자는 그의 마음가짐을 묻는다. 안회의 수차례에 걸친 대답에도 공자가 만족하지 못하자 안회가 간절하게 묻는다. "저로서는 도저히 그

방법을 모르겠습니다. 부디 가르침을 주십시오." 이에 공자가 말한다. "그대는 재계齋戒하라!" 그러자 안회가 "술이나 비린 음식을 먹은 지 이미 오래되었으니 재계는 한 셈"이라고 말하자, 공자는 "그것은 제사 지낼 때의 재계이고, 내가 말하는 것은 마음의 재계 즉 심재를 말한 것"이라고 한다. 이에 안회가 말했다. "부디 심재에 대하여 가르쳐 주십시오." 마침내 공자는 다음과 같이 말한다. "너는 잡념을 없애고 마음을 통일하라. 귀로 듣지 말고 마음으로 듣도록 하고, 마음으로 듣지 말고 기氣로 듣도록 하라. 귀는 소리를 들을 뿐이고 마음은 밖에서 들어온 것에 맞추어 깨달을 뿐이지만, 기氣란 공허하여 무엇이나 다 받아들인다. 참된 도는 오직 공허 속에 모인다. 이 공허가 곧 심재이다"(『장자』인간세). 『장자』에 인용된 말이라 공자가 정말로 이렇게 말했는지도 의심스럽지만, 여하튼 이것이 공자를 끌어들여 장자 본인의 생각을 피력한 것임은 분명하다.

제사 드릴 때 '재계'하는 것이 신을 맞아들이기 위해 몸을 정갈하게 하는 것이라면, '심재' 즉 마음을 재계한다는 것은, 도를 맞아들이기 위해 인위적으로 쌓아 온 강고한 주관적 틀을 떼어 내 마음을 정갈하게 하는 것이다. 생각해 보라. 우리가 얼마나 굳건한 자기 틀을 갖고 살아가는지를! 얼마나 자기 주관적 입장에서 사물과 타인을 대하는지를! 어른이면 이러이러해야 하고, 남자라면 이러이러해야 하며, 친구라면 이러이러해야 한다 등등. 인위적 틀을 모두 벗겨 내고 텅 빈 기氣로 세상을 대하는 것, 이것이 바로 '심재'인 것이다.

귀는 단지 외물의 소리에 반응할 뿐이고, 마음 ―이때의 마음은 인식작용으로서의 마음을 말한다― 은 단지 한 외물에 반응할 뿐이다. 이는 모두 외부 대상에 한정되고 구속된다. 이에 반해 기氣는 우주의 근원적 물질로, 천지에 가득하여 모든 것들에 감응하고 모든 것들을 받아들인다. 따라서 대상과 하나가 되기 위해서는 외적 인식작용을 벗어나 내적 (순수한) 기로 감응해야 한다. 이렇게 되면 우주자연의 기가 신체 안에 두루 퍼져 운행하게 되며, 천지조화의 신묘함을 체험하고 이 바탕 위에서 비로소 참된 지혜가 생겨나 마음은 통달하게 된다. 당연히 이를 위해서는 사심과 성심을 비워 내야 한다. 이것이 바로 '심재'인 것이다. 도를 깨달아 생명의 근원성과 삶의 의미를 터득하기 위해서는 지식이 아니라 마음의 본래 능력을 사용해야 하는 것이다. 텅 비운다는 것은, 실은 순수 생명의 에너지를 응축시키는 것이다. 이 응축된 에너지가 폭발하듯 터져 나오는 순간이 바로 진리가 인식되는 지점이다.

> 마음을 바르게 하면 고요해지고, 고요해지면 밝아지며, 밝아지면 텅 비게 되고, 텅 비어 무위에 들어가면 자연의 도와 일치되어 하지 못하는 일이 없게 된다. (『장자』경상초)

일찍이 노자는 이 '허(비움)'에 주목하였다. "천지 사이는 마치 풀무와 같구나. 텅 비어 고갈되지 않고 움직일수록 점점 더 만물이 생겨난다"(『도덕경』 5장)거나 "텅 빈 계곡의 신은 죽지 않으니 이를 암컷의 부드러움이라 한다. 암컷의 부드러움이 바로 천지의 뿌리이다"(『도덕경』 6장)라고 하여 텅 비울 것, 즉 허정虛靜(비우고 고요함)을 주장한다. 신이 우리 안에 임하지 못하는 것은, 에고ego가 내 안에 꽉 차 있기 때문이다. 에고가 우리 마음을 채우면 채울수록 신이 강림할 자리는 없어진다. 채워진 마음을 비우고 비울 때 신은 우리에게 임한다. 마찬가지로 에고(성심)를 남김없이 비워 내야 비로소 도와 하나가 될 수 있다. 노자는 "유가에서 말하는 학學은 나날이 보태 가는 것이지만, 내가 말하는 도란 날마다 덜어 내어 철저한 무無에 이르는 것"이라고 하고 있다. 그렇다면 무엇을 비우라는 것인가? 우리 마음을 탐욕으로 물들인 왜곡된 인위적 지식과 가치관을 비워 낸다. 비우면 텅 빈 곳에서 생명의 약동이 일어나고 그때 도와 하나가 된다. 장자의 '심재'는 이러한 정신의 연속선상에 있는 것이다.

> 기성자가 왕을 위해 싸움닭을 조련했다. 열흘이 지나자 왕이 물었다. "닭이 완성되었는가?" 기성자가 답했다. "아직입니다. 공연히 허세를 부리며 제 기운만 믿고 있습니다." 열흘이 지나 왕

이 또 묻자, "아직입니다. 다른 닭의 울음소리나 모습을 보면 당장 덤벼들려고 합니다"라고 기성자가 답했다. 열흘이 지나자 왕이 다시 물었다. 기성자가 말하길, "아직입니다. 상대를 노려보며 성을 냅니다." 열흘 후 또 물었다. 기성자가 말했다. "이제는 다 되었습니다. 상대가 울음소리를 내도 태도에 아무 변화가 없습니다. 멀리서 바라보면 마치 나무로 만든 닭과 같습니다. 그 덕이 온전해진 것입니다. 다른 닭이 감히 응하지 못하고 도망쳐 버릴 겁니다." (『장자』 달생)

'목계(나무로 만든 닭)'는 모든 욕망을 비우고 또 비워 무가 된 상태를 말한다. 무의 상태에 이르러 자기 본래성의 완성을 이루면 이제 아무도 그를 당해 낼 수 없다. 이 말은 불행이 그를 엄습할 수 없다는 뜻이다. 불행은 자고로 인간의 욕심을 따라 우리 내면에 잠입한다. 그런데 그 욕심을 모두 덜어 내었으니 불행이 들어올 수 없게 된 것이다. 닭은 닭의 덕성을, 인간은 인간의 덕성을 온전하게 이루어 낼 것이다. 이것이 심재이며, 허정한 삶이고 무욕의 삶이다.

좌망이라는 말은 장자가 처음 언급한 것인데, 장자는 이것도 안회의 입을 통하여 설명한다. 장자가 자신의 중요한 사상을 공자와 안회의 대화형식을 빌려 언급하는 것은, 자신의 사상이 유가보다 옳다는 것을 강조하기 위한 서술방법이다.

'좌망'이란 "손발과 몸을 잊고 귀와 눈의 작용을 멈추며, 형체를 떠나 지식을 버리고 자연의 흐름과 하나가 되는 것"(『장자』 대종사), 그 결과 좋고 싫음의 분별이 없어지고 어디에도 집착하지 않게 되는 것을 말한다. "사물을 잊고 세상을 잊는 일, 그것을 '자신을 잊는다'고 하며, 자신을 잊은 사람을 하늘·자연·도에 들어간 사람이라고 한다"(『장자』 천지). 이른바 '무아지경無我之境'으로, 인위적 불순물을 가라앉히고 순수한 생명의 힘으로 자신을 채우는 것이다. 심재를 통해 외부 세계를 잊은 후 급기야 자기 자신마저도 잊은 경지, 이것이 '좌망'이다. 이때 비로소 자타의 경계가 온전히 허물어지고 아무런 구속 없는 '자유'를 맞이하게 된다.

남곽자기가 탁자에 의지하고 앉아 하늘을 올려다보면서 숨을 쉬고 있었다. 그는 마치 자신의 짝을 잃어버린 것 같아 보였다. 안성자유가 그 앞에서 시중을 들면서 서 있다가 다음과 같이 물었다. "어찌된 일입니까? 몸을 진실로 시든 나무처럼, 마음은 꺼진 재처럼 만들 수 있습니까? 오늘 탁자에 앉은 사람은 어제 탁자에 기대앉았던 사람이 아닙니다." 그러자 남곽자기가 말했다. "자유야, 현명하게도 너는 그것을 질문하는구나. 지금 나는 내 자신을 잊었는데 너는 그것을 아느냐?"(『장자』 제물론)

그런데 일상 속에서 '나를 잊는다(망아忘我)'는 것은 실은 매 순간마다 나를 잊고 새로운 나로 거듭나는 것이다. 우리는 매 순간 무엇인가를 받아들이고 판단한다. 그런데 이 판단은 내 안에 남아 주관적 틀을 만들고 다음 판단 시 왜곡을 낳는다. 따라서 매 순간 기존의 틀을 버리고 새롭게 태어나야 한다. 그럴 때 나를 둘러싼 세상은 그 본래성을 드러내고 나와 하나가 된다. 끊임없는 자기 초월을 통해서만이 진정한 '나'가 있고, 그 나와 타자와의 만남이 이루어지는 것이다. 이것이 도의 세계이며 조화의 세계이다. 거울을 보자. 거울은 한 사물을 비추고 나면 그 사물을 완벽히 잊는다. 그래야만 다음에 다가오는 사물을 그 사물대로 비출 수가 있다. 만일 앞선 사물의 잔영이 털끝만큼이라도 남아 있으면 절대 새로운 사물을 그대로 비추어 낼 수가 없다. "지인의 마음 씀은 거울과 같아 일부러 보내지도 맞이하지도 않는다. 단지 대상에 응하되 저장하지 않는다"(『장자』 응제왕)는 말은 바로 이것을 말하는 것이다. 분별지에 의한 기존의 가치체계를 극복하고 새로운 가치체계가 만들어지는 지점, 진리의 산고가 시작되는 지점, 이것이 '좌망'이다. 좌망이란 끊임없이 변해 가는 도의 세상과 만나기 위한 도가의 인식법인 것이다. 앞서 말한 '심재'와 연결되는 사상이기에 이를 '심재좌망'이라고 통칭하기도 한다.

그에게 수행하는 법을 꾸준히 가르쳐 주었더니 3일 만에 천하를 초월할 수 있었습니다. 계속해서 그를 가르치니 7일 만에 외물을 초월하게 되었습니다. 이후로도 계속해서 그를 가르쳤습니다. … 9일이 지나자 그는 생사를 초월할 수 있게 되었습니다. 생사를 초월한 후에 그는 조철朝徹할 수 있었고, 조철한 후에는 독獨을 볼 수 있었습니다. (『장자』 대종사)

'조철'은 어둠을 헤치고 아침 여명이 환히 타오르듯, 외부 대상에 대한 잘못된 관념들로 가득 찬 미혹된 마음이 빛을 뿜으며 그 본래의 밝음(明)을 회복하는 모습이다. '심재좌망'을 통해 이 '조철'의 상태에 이르게 되면, 드디어 우리는 자신을 포함한 모든 존재자들을 그 고유한 본래성에 입각해 바라볼 수 있게 된다. 바로 이런 상태를 장자는 절대적 도의 경지인 '독'이라고 표현한다. '朝徹見獨'!

결국 도가는, 우리에게 강고하게 자리 잡은 인위적이고 자의적인 가치체계를 덜고 덜어 무無에 이르게 함으로써 본래적 생명을 드러내라고 외친다. 본래적 생명에서는 적절한 욕구만이 발할 것이다. 이것이 탐욕으로 변하는 것은 인위적 가치에 매몰되었기 때문이다. 장자에 의하면 도에 방해가 되는 가장 큰 탐욕은 부귀이다(『장자』 경상초). 본래성으로 돌아가기 위한 것, 그것이 바로 '무위자연'이고, 거기서 탐욕은 극복된다.

3. 불교

붓다, 성은 고타마Gotama, 이름은 싯다르타Siddhārtha. 기원전 566년경 음력 4월 8일, 부친 정반왕淨飯王과 모친 마야摩耶부인 사이에서 인도의 조그만 왕국(카필라 국)의 왕세자로 태어났다. 16세 때 야쇼다라 비妃를 맞이하여 왕자 라후라를 낳았으나, 29세 때 인간 세상이 고해苦海임을 깨닫고 고통으로부터 해방될 수 있는 길을 찾아 출가한다. 고행을 위주로 하는 바라문교의 당시 현자들을 찾아다니며 공부했지만, 만족하지 못한다. 그들의 가르침은 고통으로부터 일시적 해방은 가져올 수 있지만, 인간을 영원히 고통으로부터 해방시켜 주지는 못한다는 것을 깨달았기 때문이다. 이에 스승을 떠나 홀로 깨달음의 길을 걸어가기 시작한다. 사문으로부터 파계자라는 비난을 들으면서도 그는 꿋꿋이 혼자의 길을 걸어 마침내 출가 7년이 되는 35세 때 네란자라강가의 보리수 아래 결가부좌한 지 7일 만에 깨달음을 얻는다. 경전에 의하면 붓다가 깨달음을 얻은 후 49일간 악마들이 나타나 붓다의 허영이나 권력욕, 성욕 등을 자극하며 그를 파멸시키려 했다고 한다. 아마 이것은 붓다 내면에서 온갖 번뇌의 씨를 소탕해 가는 과정을 상징하는 것이라 생각한다. 이를 이겨 낸 붓다는 모든 탐욕과 성냄, 어리석음(즉 탐, 진, 치의 삼독)에서 완전히 벗어나 윤회의 고리를 끊고 대자유인이 되었다. 붓다는 그 후 얼마 동안 더 보리수 밑에 앉아 명상과 사색을 거듭하지만, 그 깨달음이 세상 사람들의 사고와 너무나도 달라 감히 설법할 생각을 하지 못했다. 깨달음의 내용이 너무 깊고 미묘하여 사람들이 좀처럼 이해하지 못할 것이라 생각했기 때문이다. 그 고뇌를 붓다는 다음과 같이 노래하고 있다.

> 고생 끝에 겨우 깨달은 것을
> 어떻게 남들에게 설해야 하랴.
> 탐욕과 노여움에 불타는 사람들에게
> 이 법을 알리기란 쉽지 않으리.

그러나 오랜 망설임 끝에 결국 붓다는 마음을 돌려 설법을 결심하고, 녹야원鹿野苑(미가다야)에서 다섯 명의 수도자들을 상대로 첫 설법을 행한다. 이것이 유명한 '초전법륜初轉法輪'이다. 이후 승단을 열고 설법에 전념하다 기원전 486년 2월 15일 입적한다.

붓다Buddha는 '깨달은 자'라는 의미이니 고유명사가 아닌 보통명사이며 누구나 깨달으면 붓다가 될 수 있다. 불교는 초월적 존재자를 신앙하는 종교가 아니라, 누구라도 세상의 참모습을 깨달으면 부처가 된다는 '자각의 종교'이다. 이러한 정신은 "붓다를 만나면 붓다를 죽이고 조사를 만나면 조사를 죽여라"라는 경구에 잘 나타나 있다. 칼 야스퍼스는 "불교는 종교라는 이름으로 이교도 탄압, 종교재판, 종교전쟁을 일으키지 않은 유일한 종교"라고 했는데, 이는 불교가 유일신을 믿는 종교가 아니라 자각의 종교이기 때문에 가능했던 것이 아닐까 생각한다. 불교는 그것이 발생한 인도에서는 힌두교 등의 위세에 밀려 큰 발전을 이루지 못했지만, 동쪽으로 전해져 한국, 중국, 일본은 물론 동남아시아에 큰 영향을 끼쳤다. 특히 중국이 적극적이고 능동적으로 받아들이고자 했던 외래 사상은 불교가 처음이 아닐까 생각한다. 지금은 서양에서도 불교가 성행하는 등 세계종교로서의 면모를 보이고 있다.

　　앞서 말했듯 인간의 삶을 고품(괴로움)로 본 부처는 그 괴로움으로부터 인간을 구원하기 위해 이 땅에 왔다. 이 말을 들은 혹자는 "어, 아닌데? 나는 인생이 즐겁기만 한데!"라고 의아해할지 모른다. 그러나 대부분의 경우, 그 즐거움은 언제 부서져 내릴지 모르는, 지반이 연약한 토대 위에 서 있다. 바람만 불어도 훅 꺼져 버리는 '즐거움'인 것이다. 그래서 부처는 출가한 뒤 많은 현자들의 가르침에 만족하지 못하고 '영원한 즐거움' 즉 '극락'을 선사할 방법을 찾기 위해 홀로 깨달음의 길을 걸었던 것이다. 보라! 태어나 닥쳐오는 수많은 아픔을. 사랑하지만 헤어져야 했던 많은 사람들과 사물들, 싫어도 보아야만 하는 것들, 거기에 때때로 병은 몸을 헤집고 똬리를 튼다. 늙어 기력도 빠지고 기억력도 감퇴하면서 무기력감은 날로 커져만 간다. 결국 쓸쓸히 노후를 맞고 죽음을 기다린다. 이제 끝이려니 했더니 웬걸, 또다시 다음 생에 태어나 똑같은 일을 되풀이한다. 수억겁 년을 이렇게 반복하고 있는데 그게 괴롭지 않겠는가? 인간에게 불을 훔쳐다 준 프로메테우스는 제우스의 분노를 사 코카서스산 바위에 쇠사슬로 묶여 독수리에게 간을 쪼아 먹히는 벌을 받는다. 그런데 신이었던 프로메테우스는 하루 지나면 다시 간이 생겨났고, 그러면 다시 독수리에게 쪼아 먹히는 끔찍한 고통을 당해야 했다. 죽을 수도 없이 끝없이 되풀이되는 이 고통 속에 희망이란 없다. 끝없이 윤회를 거듭해야 하는 우리 모습도 이와 같지 않을까! 부처가 고苦라한 것은 정신적·육체적으로 아프고 고통스러운 것만 말하는 것이 아니다. 살아가야만 하는 존재의 모습을 깊이 응시하면, 그 존재의 숙명에 마음 아프고 괴롭다는 것이다.

그렇다면 붓다는 보리수 아래서 무엇을 깨달았기에 인간이 짊어진 고통을 해방시켜 줄 수 있다는 것인가. 그 질긴 윤회의 고리를 어떻게 끊을 수 있다는 것인가.

붓다가 억겁의 세월을 거쳐 네란자라강가의 보리수 아래에서 깨달았던 것은 이 세상이 '연기緣起'라는 것이었다. 연기란 '인연생기因緣生起'의 줄임말로, 모든 존재는 인과 연의 임시적 가합假合에 의해 존재하는 것, 다시 말해 이 세상의 모든 사물은 상대적인 것이고 조건화된 것이며 상호관계 속에서만 존재할 뿐, 결코 자족적·지속적으로 존재할 수 없

다는 것이다. 조건에 의한 발생, 말미암아 일어남의 진리를 역설하고 있
는 것이다. 그것이 세상의 실상이기에 "만일 연기를 본다면 그것은 곧
진리를 보는 것이고, 진리를 본다는 것은 곧 연기를 보는 것"(『중아함경』)
이라고 설하고 있다. 연기를 다른 말로 '공空'으로 표현하는데, 공이란 실
체가 텅 비어 있다는 것으로, 어떤 존재도 실체성을 갖지 못하고 따라서
자족적이지 못하다는 뜻이다. '연기'의 언설을 붓다의 육성으로 직접 들
어 보자.

> 이것이 있음으로 말미암아 저것이 있고,
> 이것이 생김으로 말미암아 저것이 생긴다.
> 이것이 없음으로 말미암아 저것이 없고,
> 이것이 멸함으로 말미암아 저것이 멸한다. (『잡아함경』권13)

　예를 들어 보자. 쌀은 벼에서 나온다. 벼가 쌀을 있게 하는 가장
직접적이고 주된 요인인데, 이것을 인因이라고 한다. 그런데 쌀은 벼만
있다고 해서 존재하지 않는다. 그 외에도 태양과 바람과 물이 있어야 하
고, 거름과 논도 있어야 한다. 그런데 거름이 있기 위해서는 동물이나
인간이 있어야 하고, 그들을 낳아 준 부모가 있어야 하며, 이는 그 부모
의 부모로 끝없이 소급된다. 또한 논이 있기 위해서는 땅이 있어야 하고

지구가 있어야 하고 태양계가 있어야 한다. 이렇게 하나하나 세어 나가면 끝없이 이어져 우주 전체가 있어야 한다. 이것들을 쌀이 존재하기 위한 연緣이라고 한다. 쌀은 이처럼 수많은 인과 연의 임시적 화합에 의해 존재하는 것이다. 그런데 그 인과 연이 되는 조건들은 매 순간 변화한다. 태양도 논도 바람도. 게다가 단지 존재의 인과관계만이 아니다. 정확히 말하자면 시간적 관계, 주객관계 등 수많은 관계가 거기에 작용한다. 이런 관계 속에서 존재한다는 것은, 그 어떤 것도 자기만의 특정한 성질을 지닌 것으로 존재할 수 없다는 것(無自性), 그리고 그 어떤 것도 독립적으로 존재하지 못한다는 진리를 말해 주고 있는 것이다. 사정이 이러하다면 쌀이 실체성을 가진 고정되고 지속적인 어떤 것일 수 있겠는가? 쌀은 실은 지금 이 순간에도 —인과 연이 변해 가므로— 끊임없이 변화해 가는 존재이다. 우리가 흔히 '쌀'이라고 부르는 것은, 이 무수한 인과 연의 순간적 현상을 말하는 것이다. 이 세상의 모든 존재가 이와 같다. 따라서 이 세상에는 실은 인과 연의 끊임없는 흐름만이 존재하는 것이다.

　　나가르주나(용수龍樹)의 유명한 인연소생법因緣所生法(인연에 의해 생겨나는 존재)을 직접 들어 보자. "여러 인과 연에 의해 생겨나는 법法(존재)을 나는 공空하다고 말한다. 왜 그렇게 말하는가? 여러 인과 연이 다 갖추어져서 화합하면 비로소 사물이 생겨난다. 따라서 사물은 여러 인과 연에 귀속되는 것이므로 사물 자체에는 고정된 성품(自性)이 없다. 고정된 성품이 없으므로 공空하다."[03] 이것이 인연에서 인연으로 이어져 가는 이 세상의 실상이다.

이렇게 보면 삼라만상은 무상無常한 것, 찰나도 머물지 않고 끊임 없이 변화해 가는 것이다. 이 세상에 실체는 없고 끊임없이 유동하는 활동만이 있을 뿐이다. 그것도 서로 인과 연에 의해 얽히고설킨 채로 흐르는 활동만이. 이 연기의 망에서 어떤 것도 벗어날 수 없기에 깨달은 자는 종이 한 장에서도 우주를 본다. 종이 한 장에도 인과 연으로 얽힌 온 우주가 존재한다는 것은 저 유명한 '인드라망'[04]의 비유가 잘 말해 주고 있다.

그렇다면 '나(자아)' 역시 지속되는 실체성을 가질 수 없다. '나'도

---

03 『중론(中論)』 4권 24장 「관사제품(觀四諦品)」(대정신수대장경).

04 인드라망은 불교의 연기법을 상징적으로 표현해 주는 말로 불교의 세계관이라고 할 수 있다. '인드라(Indra)'는 본래 인도의 수많은 신 가운데 하나로, 한역(漢譯)하여 제석천(帝釋天)이라고 한다. 이 제석천의 궁전에는 무수한 구슬로 만들어진 '인드라망'이라는 그물이 있다. 이 그물은 한없이 넓은데 그 그물의 이음새마다 구슬이 있다. 그런데 그 구슬들은 각각 서로를 비추어 주는 형태로 이루어져 있다. 따라서 어느 한 구슬을 들어도 거기에는 모든 구슬들이 들어 있다. 이 구슬들은 또한 서로를 비출 뿐만 아니라 그물로 서로 연결되어 있다. 우리가 살아가는 인간 세상의 모습이 바로 이렇다는 것이 불교의 세계관이다. 우리는 마치 각자 스스로 살아가는 것 같지만 실제로는 서로가 연결되어 있으며, 서로 비추고 비추는 밀접한 관계 속에 존재한다는 것이다. 이러한 연기적 세계관, 연기법의 진리를 화엄경에서는 '인드라망'이라는 비유로 설명하고 있다.

순간순간 생멸을 거듭하는 존재인 것이다. 이것을 '무아無我'라고 한다. 무아를 깨달으면 아상我相(내가 실재한다는 생각)이 사라지고, 고통의 소멸과 함께 악업을 짓지 않게 된다. 사실 붓다가 바라문교의 '범아일여梵我一如'를 부정하고 새로운 사상을 제시한 것도 지속적 실체로서의 아트만(자아)을 거부하는 데서 시작된다. 우리는 여기서 곤혹스러움을 느낀다. "내가 없다니! 이렇게도 굳건하고 확실하게 여기 있는데, 이것만큼 분명한 사실이 없거늘 내가 없다니! 그렇다면 이 내 몸과 정신은 무엇이란 말인가?"

불교에 의하면 '나'란, 실은 색色(물질적 육체), 수受(감각), 상想(표상), 행行(의지), 식識(총체적 의식)이라는 다섯 덩어리가 서로 인과 연이 되어 연쇄적으로 일으키는 반응일 뿐, 그것들을 주재하는 중앙의 통괄처로서의 '나'는 없다. 통상 우리들이 말하는 '나'란 무엇인가? 정신과 육체의 주인으로 그것들을 통괄하고, 감정을 담아내고 인식하는 주체, 게다가 어제-오늘-내일로 지속된다고 여겨지는 실체로서의 그 무엇을 말하지 않는가. 그래서 "너는 어제 내게 아픔을 주었어"라거나 "나는 슬픔에 겨워" 또는 "나는 하늘을 본다"라고 말한다. 그런데 불교가 말하고자 하는 것은, 바로 이런 개념으로서의 '나'란 허상이고 본래 없다는 것이다. 우리가 '나'라고 생각하는 그것은 억겁에 걸쳐 기만되어 온 습관의 결과이다. 물론 지금 무엇인가를 생각하고 느끼는 그 현상 자체가 없다는 것이 아니다. 무엇인가를 그리워하고 슬퍼하고 지각하고 인식하는 그 현상은 분명 끊임없이 일어나고 있다. 단, 그것이 위에서 말한 것과 같은, 통상 우리가 생각하고 있는 방식으로서의 '나' 속에서 이루어지는 일은 아니라는 것이다. '나'라고 할 그 무엇은 없다. 오로지 색, 수, 상, 행, 식이 서로의 인연에 의해 일어났다가 인연에 의해 사라지는 흐름만이 있을 뿐이다. 우리는 색, 수, 상, 행, 식이 일으키는 경험을 '나'라고 생각할 뿐이며, 그 기억이 쌓여 과거에서 현재로 이어지는 '나'라는 일련의 지속적인 상념을 만들어 내고 있는 것이다. 그러나 실은 매 순간 일어났다 사라지는 수많은 감각들과 의식들만이 존재할 뿐이다. 다시 말해 굳이 나의 존재를 말한다면, 매 순간의 나만 있을 뿐, 지속되는 나는 없다. 우리는 과거 경험 속의 허구적 '나'를 지금의 나로 여기면서 살고 있는 것이다.

붓다는 말한다. "물질(색)은 항상됨이 없다. 혹은 인으로 혹은 연으로 말미암아 모든 물질이 생겨났지만 그것은 항상된 것이 아니다. 항상됨이 없는 인과 연으로 말미암아 생긴 물질에 어찌 항상됨이 있겠는가? 이와 마찬가지로 수, 상, 행, 식 또한 항상됨이 없다. 혹은 인 혹은 연으로 말미암아 생긴 그것들도 항상됨이 없다. 항상됨이 없는 인과 연으로 생긴 것들에 어찌 항상됨이 있겠는가? 비구들이여! 물질은 항상됨이 없고, 수, 상, 행, 식 또한 항상됨이 없는 것이다"(『잡아함경』권12).

우리들의 눈으로 보면 삼라만상이 고정된 것으로 보이지만 깨달은 자에게는 그것들이 잠시도 고정되거나 지속되지 않고 인연에 의한 찰나생멸을 반복하고 있다. 켜져 있는 전등도 실은 1초에 60번이나 깜빡거리면서 꺼지고 켜지기를 반복하고 있다고 하지 않는가. 영화도 수많은 단절된 필름을 빠른 속도로 돌림으로써 눈의 잔상효과라는 착시 현상을 이용하여 움직이는 듯 보이게 하는 것이다. 전등과 영화처럼 내 생각, 느낌, 감정 등도 순간순간 일어났다 찰나에 사라져 간다. 인연으로 얽혀 유동하는 현상의 흐름만이 있을 뿐이다. 슬퍼하거나 기뻐하는 현상은 있되 '슬퍼하는 나'나 '기뻐하는 나'는 없다. 굴욕적이거나 자존심 상할 '나'도 없다. '나'가 없으니 그 무엇에도 머무를 수 없다. 이는 우리에게 집착할 무언가가 없다는 것을 말해 준다. 기쁨도 슬픔도 스쳐 지나가는 것, 그것을 부둥켜안고 '나의 슬픔' '나의 기쁨'으로 담아 두지 말고 그냥 흘려보내야 한다. 이것이 '연기'설이 우리에게 주는 가장 중요한 메시지이다.

옛날에 두 스님이 불어난 냇물을 건너려 하고 있었다. 그때 한 처녀가 냇물 앞에서 어쩔 줄 몰라 하고 있었다. 자비심이 발한 한 스님이 그녀를 업고 강을 건넜다. 뒤따르는 다른 스님은 불만이었다. '불도를 닦는 스님이 처녀를 업다니!' 처녀를 업고 강을 건넌 스님은 처녀를 내려놓고는 아무 일도 없었던 듯 가던 길을 재촉했다. 한참 따라가던 다른 스님이 마음속의 말을 내뱉었다. "스님이 처녀를 업는다는 것이 말이 됩니까?" 그러자 앞서가던 스님이 말하였다. "허허. 나는 벌써 그 일을 까마득히 잊었는데, 스님께서는 아직도 맘에 담아 두고 있군요." 일어나는 현상을 지금 있는 그대로 관觀하고 흘려보내면 되는 것이다.

그러나 우리는 있지도 않은 자아 개념을 만들고 실체성을 가진 '나'라는 존재를 만들어 놓는다. 문제는 여기서 모든 욕심과 집착이 시작된다는 것이다. '나'라는 존재가 서게 되면 자연히 '나'의 외부에 타자가 서게 되고 나와 타자의 구별·대립이 생긴다. 연기의 그물로 엮인 단일한 세계에 자·타라는 이원적 균열을 가져오게 되는 것이다. 여기에서 타자에 대한 지배욕, 소유욕을 비롯해 수많은 욕망이 생겨나고, 결국 집착과 탐욕으로 나아간다. 이 업의 결과 다시 생로병사의 긴 윤회를 시작한다.

'집착'을 말할 때 우리는 보통 돈, 권력, 명예, 성에 대한 집착을 말하지만, 사실 그 근원에는 '나'에 대한 집착이 강고히 자리하고 있다. 그것을 '아집我執'이라고 한다. 불교의 핵심은, 이 '나'라는 개념이 어떻게 일어나고, 어떻게 제거되는가를 밝히는 데 있다. '나'가 없으면 아무 생각도 없고 활동도 없고 마치 죽은 듯 미동도 하지 않는 것이냐고 반문하는 사람이 있지만, 그렇지 않다. '나'가 없어져도 사고는 없어지는 것이 아니다. 다만 '나'를 위주로 하는 아집만 없어지는 것이다. 재미있는 영화에 푹 빠져 있을 때 어디 나와 영화라는 구분이 있던가! 그런데 몰입되어 나와 영화가 분리되지 않아도, 그래서 '나'가 없어도, 영화를 보면서 슬프기도 하고 우습기도 하며 눈물도 흘리고 웃기도 한다. 옆에 같이 간 친구가 툭툭 치면서 팝콘을 내미는 순간, 자아가 서고 이에 따라 대상(영화)이 선다. 이제 나는 나고 너는 너인 세상이 펼쳐진다. 그리고 나는 대상에 집착하고 그것을 소유하려는 욕망에 휘말리게 된다. 이때도 슬프고 우습고 눈물 흘리고 웃기도 하겠지만, 그것은 이미 '나'라는 프리즘을 통해 나온 왜곡된 감정들이다. 자아의 욕망이 첨가된 세상인 것이다.

"산은 산이요, 물은 물이로다"라는 말이 있다.[05] 꽤 알려진 이 말은 당나라 청원유신선사의 말이다. 그가 불교에 귀의하여 모든 것이 연기라는 '공空'의 가르침을 듣고 열심히 정진했더니, 어느 날 사물 간의 구별이 없어지고 모두가 '공'으로 보였다. 그는 여기서 멈추지 않고 구도를 향해 더욱 분발했다. 그랬더니 공으로만 보였던 삼라만상이 다시 각각의 제 모습으로 드러나지 않는가! 이때의 법열을 그는 "산은 산이요, 물은 물이로다"라는 말로 노래했다. 깨닫고 난 뒤의 '산'은 깨닫기 전의

---

05 전문은 다음과 같다.
   "이 노승이 30년 전 아직 참선을 시작하기 전에는,
   산을 보면 곧 산이고, 물을 보면 곧 물이었거늘,
   그 후 큰 스승을 만나 선법을 깨치고 나니,
   산은 산이 아니고 물은 물이 아니더라.
   더욱 정진해 불법의 도리를 대오하고 난 지금,
   산은 역시 산이요, 물은 역시 물이로다."

'산'과는 전혀 다르다. 깨닫기 전의 산이 '나'라는 프리즘을 통해 본 산이라면, 깨달음 이후의 산은 '나' 없이 드러난 산이다. 자아의 욕망에서 벗어난, 있는 그대로의 '진여眞如'인 것이다. 이 산이야말로 산의 본래 모습이 아니겠는가? 그런데 이 반야의 눈(깨달음의 눈)으로 봐도 역시 하늘은 푸르고, 강물은 흐르며 새는 창공을 난다. 그냥 있는 그대로가 진리이며 여여如如한 실상의 세계이다. 물론 그것은 '아집'에서 벗어나 존재를 그 자체로 보는 깨달음의 세계이다.

결국 '나'에 대한 집착, 즉 아집에 의해 집착과 소유욕이 일어나고, 이것이 업을 이루어 윤회의 긴 바퀴를 굴리는 것이다. 그렇다면 문제는 어떻게 무지로부터 벗어나느냐이다. 이것이 수천 수만의 법어가 굴러가는 종착지이다. 진정한 열락과 법열은 이 굳건한 지반 위에서만 얻어지는 것이다.

육도(천상계, 인간계, 축생계, 지옥계, 아수라계, 아귀계) 윤회를 멈추려면 업보를 더 이상 쌓지 않아야 하고 그러기 위해서는 탐욕이 없어져야 하며, 그러기 위해서는 마음작용(자기의식)이 꺼져야 한다. 그러면 이 세계가 연기의 세상임을 알게 되고, 그에 따라 세상을 보는 관점과 태도가 바뀐다. 이 상태가 바로 '욕망의 불이 꺼진' 열반(니르바나)으로, 갈애와 집착 그리고 탐욕이 남김없이 사라진 상태이다.

아기는 엄마가 큰 종이로 얼굴을 가리면 엄마가 없어졌다고 생각하고는 서럽게 운다. 엄마가 다시 얼굴을 내밀며 사실은 종이 뒤에 있던 것이라고 아무리 말해도 이해하지 못한다. 그리고 자신의 생각이 옳다고 여긴다. 반야의 눈으로 보면 이 세상이 연기의 세상이지만, 중생의 아둔한 눈으로는 그것을 절대로 이해하지 못한다. 부처는, 세상의 참모습을 깨닫기 위해서는 엉성한 오관으로 세상을 관할 것이 아니라 마음을 안으로 돌려(回心), 내 의식의 흐름 속에서 진리를 깨달으라고 말한다. 우리의 오관으로는 외부 세계를 연기의 세계로 생각하는 것이 참으로 어렵기 때문이다.

깨닫기 위해서는 '분별을 멈추어(定, 止)' '있는 그대로의 현상을 알아차려야(慧, 觀)' 한다. 멈춤(定, 止)은 분별을 멈춰서 마음이 집중된 선정의 상태를 얻는 것을 목적으로 하고, 알아차림(慧, 觀)은 그 집중된 마음으로 내면에서 일어나는 현상의 모습을 직시함으로써 연기의 실상을 아는 지혜를 목적으로 한다. 이것이 오래되면 마음에서 일어나는 생멸현상을 알아차릴 수 있게 된다. 즉, 하나의 마음이 사라지는 모습을 분명하게 보고, 지금 이 순간의 현상을 분명하게 보고, 다음 마음이 일어나는 모습을 분명하게 볼 수 있게 된다.

멈춤(止)과 알아차림(觀)이란 어떤 것이며, 어떻게 닦는 것인가?
'멈춤'이라는 것은 일체 대상에 대한 생각을 멈추는 것으로, 사마

타수행을 의미한다. '알아차림'이란 (자신의 몸과 마음을 관찰하여) 인연에 의해 일어났다 사라지는 모습을 분명하게 알아차리는 것으로 위빠사나 관찰수행을 의미한다. 멈춤과 알아차림은 어떻게 닦는가? 처음에는 멈춤과 알아차림을 각각 따로 닦아 익힌다. 그렇게 닦아 익혀 가면 멈추는 힘과 알아차리는 힘이 점점 좋아지게된다. 그러면 저절로 두 개가 서로 떨어지지 않고 쌍을 이루어 하나로 닦이게 된다. 멈춤을 닦으려는 수행자는 고요한 곳에 머물러, 단정히 앉아 그 마음을 바로 하고 있어야 한다. 마음은 호흡에도 의지하지 말고, 모양이나 색깔 가진 것에도 의지하지 말고, 허공에도 의지하지 말고, 지수화풍에도 의지하지 말고, 나아가 보고 듣고 느끼고 아는 것에도 의지하지 말아야 한다. 그리하여마음으로부터 일체의 모든 생각을 남김없이 제거해야 한다. 그렇게 제거하되 또한 제거한다는 생각마저도 제거해야 할 것이다. 왜냐하면 모든 존재의 근본바탕인 진여심은 본래 모습(相)이 없는 것이기에 생각에 의해 일어나지도 않고 생각에 의해 사라지지도 않기 때문이다. (『대승기신론』제4장「수행신심분修行信心分」)

'반연攀緣'이라는 말이 있다. 원숭이가 좀처럼 가만있지 못하고 이나무 저 나무로 건너다니는 모습을 뜻한다. 불교에서는 우리의 마음을

'반연'한다고 한다. 외물의 자극에 끊임없이 휘둘리는 모습을 가리키는 것이다. 마음이 분산되면 분산될수록 더욱 외물에 흔들린다. 욕망이나 악념이 일어나도 그것을 통제할 수 없다. 이런 마음으로는 무엇 하나 제대로 관찰할 수 없다. 그래서 이 갈라진 마음을 하나로 모아 의식의 심층으로 들어가기 위한 공부가 필요하다. 이것이 바로 '멈춤(또는 집중)'이다. 물론 집중훈련을 해도 초기에는 마음이 자꾸 외부로 달아나지만, 달아난 마음을 알아차리고 내면으로 모으는 훈련을 계속하면 차츰 마음이 내면에 고정되어 간다. 여기에 익숙해져 마음이 하나로 모이면 '번뇌'를 제거하고 행복의 상태를 지속시킬 수 있는 지혜의 눈이 생겨난다. 이제 그 눈(마음)으로 내면에서 일어나는 현상을 관찰한다. 이를 '알아차림'이라 한다. '알아차림' 훈련을 계속하면 존재의 속성을 있는 그대로 알게 된다. 세상의 참된 모습을 깨닫게 되는 것이다. 이와 같이 함으로써 순간순간 일어났다 사라지는 존재의 실상을 깨달으면 탐욕이 제거되며, 탐욕을 비우면 업이 소멸되고 열반에 들어 마침내 긴긴 윤회에 종지부를 찍게 된다.

현대적 제도개혁을 통한
부의 문제 해결

05

탐욕을 발본색원함으로써 '부'에 휘둘리지 않고 행복을 찾을 수 있는 길을 알아보았다. 물론 지난한 길이지만 행복이라는 목표에 도달하기 위해서는 궁극적으로 이 길이 가장 바른 길이라고 생각한다. 사실 삶과 사회 그리고 자연에 대한 관점이 바뀌지 않는 한 어떤 제도도 우리를 행복에로 안내할 수 없을 것이다. 그럼에도 불구하고 이와 함께 행복을 방해하는 사회적 문제들을 척결하고 개혁하려는 노력도 병행될 필요가 있다. 주위 환경이 열악하면 그만큼 마음공부에 집중할 수도 없거니와, 사회 정의의 결여는 부와는 또 다른 형태로 행복을 저해하기 때문이다. 따라서 우리의 행복을 위해 사회 부정의는 개혁되어야 한다. 그렇다면 어떤 면에 개혁의 메스를 가해야 할까? '부의 분배' '교육' '정치 참여' 세 부분으로 나누어 살펴보기로 한다.

1. 부의 분배 — 조세제도, 기부, 기본소득

소득분배의 불평등도를 나타내는 지니계수로 볼 때 우리는 후진국 중의 후진국이다. 보릿고개가 없어지고 절대 빈곤이 사라진 것은 긍정적이지만, 행복은 고른 분배가 이루어질 때 찾아든다. 파이는 커져도 빈부격차가 크게 벌어지면, 이전보다 풍요로워도 불행하다고 느낀다. 더구나 빈부격차는 경제 성장을 저해하며 무엇보다 사회 정의의 측면에서 많은 문제를 갖고 있다. 존 롤스가 말했듯이 "사고체계에서 진리가 으뜸이듯, 정의는 사회제도의 으뜸가는 덕목이다." 사회 정의를 무시한 그 어떤 사회·경제체제도 인간에게 행복을 가져다주는 올바른 길이 되지 못한다. 우리의 행동과 생각의 대부분은 사회의 관계망 속에서 생겨난다. 이 세상이 촘촘히 짜여진 '연기'일진대, 도대체 부자가 남의 희생이나 대가 위에 서 있지 않고 어떻게 부를 이룰 수 있단 말인가! 부자만이 아니다. 모든 기득권자에게 공통적으로 해당되는 말이다. 그렇다. 모든 기득권자는 '인연'에 감사해야 한다. 그리고 그들은 그렇지 못한 자를 겸손히 포용해야 한다. 부자들은 모두 누군가의 '덕분'에 부자이기 때문이다.

그런데 우리나라의 상황은 그렇지 못하다. 가난한 사람들에 대한 부자들의 횡포와 멸시 등 속칭 '갑질'이 만연하고, '돈이면 다'라는 졸부 근성이 사회 곳곳에 퍼져 있다. 특히 끊임없이 매스컴에 오르내리는 재벌 3세들의 행태는 한심하다 못해 측은하기까지 하다. 앞서 말한 '부자병' 바로 그것이다. 이에 재벌이나 대기업 또는 부자들은 비난의 대상이 된 지 오래이다.

'노블레스 오블리주'라는 말이 있다. 개인의 이득이나 사심을 앞세우지 않고 귀족으로서의 책무를 다하고 국가와 타인을 위해 봉사하는 정신을 말한다. 요즘에는 높은 사회적 신분에 상응하는 도덕적 의무, 즉 '가진 자의 나눔' 또는 '사회 지도층의 나눔'이라는 의미로 사용된다. 이것이 유럽의 복지제도를 지탱하고 있는 원동력이고, 미국으로 건너가 기부문화를 형성한 디딤돌이다. 우리나라 부자들이 곱씹어 볼 화두다.

우리는 홀로 경제생활을 하는 것이 아니라 협력하여 공동으로 경제활동을 영위한다. 이런 공동체에서는 생산만큼, 아니 그 이상으로 분배가 중요하다. 더구나 지금처럼 신자유주의 바람이 불면서 모든 것을 자본의 흐름에 내맡기는 추세에서는 양극화가 심화되고 '부익부 빈익빈' 현상은 가중되어 수많은 사람들이 불행과 좌절의 깊은 늪에서 헤어나지 못하게 된다. 앞서 살펴보았듯이, 우리나라는 이미 삶의 질이 저하되어 많은 사회적 문제들이 나타나고 있으며, 빈부격차가 심해지면서 인간의 내면에 잠재하고 있던 폭력성도 고개를 내밀어 요즘 일어나는 강력범죄의 중요한 원인으로 작동하고 있다. 앞으로 인공지능과 유전자 가위에 의한 유전자 조작 등 생명공학이 인류가 생각지도 못한 속도로 진전될 미래에는 빈부의 격차가 삶의 질을 더욱 크게 벌려 놓을 것이 분명하다. 따라서 부에 대한 일정 정도의 국가 개입이 절실히 요구된다. 더구나 우리나라는 빈부격차의 진행속도가 매우 빠르기에 이는 더욱 절실한 문제이다. 개인은 자기 욕심으로 인해 부의 분배에 주저할 수 있으나, 국가는 이성적으로 생각해야 한다. 헌법에 적시되어 있듯 '인간다운 생활을 할 권리'를 보장해 주고, 힘 가진 자의 탐욕에서 비롯되는 부의 편중에 개입하여 분배 정의를 이뤄야 하는 것은 국가의 기본 임무이다. 일찍이 맹자가 "왕이 고기 먹는 걸 뭐라 하는 것이 아니라, 백성은 굶고 있는데 왕 혼자 고기 먹는 걸 뭐라 하는 것"이라고 부의 편중을 경고하지 않았던가!

사실 앞서 살펴보았듯이, 동양의 전통사상가들은 일찍부터 부의 분배를 강력히 주장하였다. 몇 가지 예를 들어 보자.

옛날의 이른바 벼슬하는 선비는 후덕한 사람이었고, 여러 사람들과 화합하는 사람이었고, 올바른 도리를 즐기는 사람이었고, 남에게 나누어 주고 베풀기를 즐기는 사람이었고, 죄와 허물을 멀리하는 사람이었고, 일을 잘 처리하기에 힘쓰는 사람이었고, 홀로 부자인 것을 부끄러워하는 사람이었다. (『순자』 비십이자)

자연의 도는 마치 활을 당기는 것 같구나! 높으면 눌러 주고 낮으면 들어 준다. 남는 것을 덜어 내고 부족한 것은 보태 준다. 자연의 도는 남는 것을 덜어서 부족한 것을 채우는데, 인간의 도는 그렇지 않다. 부족한 데서 덜어 내어 여유 있는 쪽을 봉양한다. (『도덕경』 77장)

하늘이 좋아하는 것은, 힘 있는 사람은 서로 도와주고, 도가 있는 사람들은 서로 교화하며, 재물이 있는 사람들은 재물을 서로 나누어 주는 것이다. (『묵자』 천지중)

하늘은 한 사람을 현명하게 하여 많은 사람의 어리석음을 가르치게 했으나, 세상은 오히려 제 장점만을 휘둘러 남의 단점만을 드러내려 한다. 하늘은 한 사람을 부유하게 하여 많은 사람의 가난을 건지려 했으나, 세상은 오히려 제 가진 것만 믿고 가난한 사람을 업신여기려 든다. 참으로 천벌받을 일이다. (『채근담』)

우리나라에서도 일찍이 부의 분배를 위한 노력이 있었다. 실학의 거두 정약용은 "均分焉, 以正之, 謂之政(독점된 토지를 균등히 배분하여 토지제도를 바로잡는 것, 그것을 정치라 한다)"(『原政』)을 주장하였는데, 이는 공자의 "政者正也(정치란 바로잡는 것이다)"를 경제적 측면에서 해석한 것으로 매우 독특한 발상이다. 조선의 성군이라 일컬어지는 세종 역시 비옥도와 풍흉에 따라 농토 등급을 세분화하고, 농토 조사방법 및 세율을 구체적으로 규정하여 공평한 조세원칙을 지키고자 노력하였다.

그러나 이런 전통은 이후 유지되지 못하고 ―물론 이를 주장한 관료나 학자도 있었고, 시기에 따라 실천한 적도 있었지만 주류적 제도로 자리 잡지는 못하였다― 후에 '실학' 등의 자생적 바람이 불었으나 서구 열강의 침탈과 일본의 강점을 겪으면서 기회를 잃고 만다. 더구나 독립 이후 일제의 잔재를 청산하지 못하고, 일본에 기생하여 부를 늘렸던 자들이 독립된 땅에서도 여전히 득세를 하면서 부의 재분배 기회를 상실하였고, 이후 군부독재가 지속되면서 부의 양극화는 심화되어만 갔다. 지금은 그 중요성에 대한 인식이 점차 높아지고는 있으나, 2009년 서울대 사회발전연구소가 성인 남녀 800명을 대상으로 실시한 조사에 의하면, 우리나라 상류층의 '노블레스 오블리주' 지수는 100점 만점에

26.5점에 지나지 않는 저조한 점수를 기록하고 있다. 아직도 사회 정의로서의 부의 분배에 관한 인식은 요원하다고 할 수 있다. 그것을 입증이라도 하듯, 우리나라 기업의 사회 환원은 턱없이 모자란 실정이며, 소위 부자들의 기부 역시 가뭄에 콩 나듯 한다. 오히려 각종 탈세와 불법을 통해 부를 유지, 증대시키려는 장엄한 노력(?)만이 계속되고 있다.

　　혹자는 자유민주주의 체제하에서 개인의 사유재산은 아무리 국가라 할지라도 어찌할 수 없는 것이라고 주장하면서 국가를 통한 인위적 부의 분배를 비판한다. 그러나 사유재산이 정당화되기 위해서는 재산의 취득이 정의로워야 하고, 재산의 이전이나 양도의 과정도 정의로워야 한다. 이를 위해서는 '완전 경쟁(경쟁에 참여하는 그 누구도 자신의 결정과 행동이 경쟁의 과정과 결과에 영향을 미치지 못하는 상태)'이 전제되어야 하는데, 현실적으로 완전 경쟁은 어떠한 경우에도 불가능하다. 따라서 어떠한 현실적인 사적 소유도 완전한 정의가 될 수 없다. 이에 분배 정의의 문제가 대두될 수밖에 없는 것이다.[01] 특히 자본주의는 땀에 의한 노동이 아니라 돈이 돈을 버는 체제이므로 더욱 정의로운 분배가 요구된다고 하겠다.

　　또 하나 부의 분배가 이루어져야 할 중요한 이유가 있다. 사실

01　장하성, 『한국 자본주의』, 헤이북스, 2014, 430-431쪽.

개개 인간의 다양한 능력들을 합산하면 모든 인간들의 능력의 총합은 비슷하다고 한다. 단, 세상 사람은 모두 얼굴이 다르듯 각자의 뛰어난 능력이 서로 다르다. 예를 들어, 어떤 사람은 발이 빠르고 어떤 사람은 땅을 잘 파며 어떤 사람은 지적 능력이 뛰어나다. 그런데 이 능력들은 —시대적 요구에 부합하는가 아닌가의 차이가 있을 뿐— 어느 것이 우월하고 어느 것이 열등한 것은 아니다. 아니 그래야 한다. 내가 인공지능에 엄청난 능력이 있다 한들 전기 회사의 직원이나 전봇대에 올라 전기회선을 점검하는 사람이 없다면 무용지물이며, 쌀을 짓는 농부나 책상을 만드는 목수가 없다면 무용지물이다. 그는 싼값에 쌀을 먹고 책상을 사고 전기를 사용하면서 (이 시대에 고부가 "가치"로 평가받는) 인공지능으로써 돈을 번 것이다. 그러나 곰곰이 생각해 보면 그 능력이 목수나 농부의 능력보다 우월할 것도 없고, 따라서 실은 동등한 가치로 교환되어야 한다. 아니면 적어도 국가의 정책이나 지원을 배제하고 순수하게 수요·공급만이 작용하여 교환되어야 한다 — 그렇다 하더라도 빈부격차가 능력의 차이 이상으로 벌어져 있으니 여전히 문제는 남는다. 더구나 그 이유가 특정인이 그의 능력과 노력 이상으로 과실을 얻을 수 있게 되어 있는 사회구조 때문임에랴.

대기업은 정부의 각종 특혜로 지금의 위치에 이르렀고 아직도 수많은 특혜를 받고 있다. 예를 들어 우리나라 최고의 기업으로 일컬어지는 S사는 국제경쟁력 제고라는 미명하에 혜택받고 있는 전기료가 1년에 5000억 원에 달한다고 한다. 이에 반해 서민들은 찌는 듯한 무더위에도 전기세가 무서워 에어컨도 못 켜고 몸으로 버티며 여름을 난다. 대체 이게 정의로운 사회인가? 그러고서도 대기업의 사회적 책무가 없다고 할 수 있는가?

　　은행업도 정부의 인가를 받은 소수에게만 허용되는 과점구조를 통해 규제이익을 누리는 산업이다. 더구나 은행은 부실 경영을 하여 도산의 위기에 처해도 국가가 국민의 막대한 세금을 투입하여 회생시킨다. 잘못된 경영으로 국민 세금을 막대하게 축낸 간부와 임원진들은 그 와중에도 엄청난 봉급과 보너스를 받으면서 부를 챙긴다. 은행만이 아니다. 얼마 전에는 조선업계에서 정부에 SOS를 보내 지원을 부탁했다. 자영업자들은 1년도 견디지 못하고 자신의 전 재산을 날려도 어디 한군데 하소연할 곳이 없지만, 대기업은 기업의 존립이 위태로워지면 도미노처럼 일어날 사회적 영향을 고려하여, 또는 국가기간산업이라는 명분으로 국가가 개입하여 구제해 준다. 심지어는 노동자의 몫으로 돌아가야 할 회사의 수익이 정권의 비호를 받기 위한 로비자금으로 사용되기도 하며, 부의 세습을 위해 국가기관이 개입하여 국민의 혈세를 탕진하기도 하지 않는가. 더구나 재벌들은 상상을 초월한 돈을 세탁하고 불법을 저질러 법의 심판을 받아도 대부분 집행유예로 풀려난다. 설혹 실형을 선고받는 경우에도 얼마 후 병보석이라는 명목으로 형이 중지된다. 오죽하면 재벌대기업의 회장은 아무리 큰 죄를 지어도 '3-5(징역 3년에 집행유예 5년)'라는 말이 항간에 떠돌겠는가! 사실 기업이 자행하는 수많은 불법행위를 생각할 때, 그들에게 선고되는 형량은 서민의 그것에 비하면 턱없이 낮다. 산재사망 1명당 기업이 내는 벌금은 평균 400만 원(2016년 기준)에 지나지 않는 반면, 서민의 무임승차는 30배의 벌금을 물어야 하는 것만 봐도 얼마나 불공평한지 알 수 있다.

이 외에도 국가정책에 의한 산업 간의 불공정 문제도 있다. 예를 들어, 농업은 도시 근로자의 경쟁력을 통한 세계경쟁력을 높이기 위해 오랜 기간 국가에서 가격 억제책을 써 왔다. 식량의 가치가 인위적으로 첨단산업이나 가전제품 등 공산품에 밀려난 상태라고 할 수 있다. "농사는 지으면 지을수록 손해를 보고 몸만 망가지며, … 왜 농민들은 도시의 노동자나 사무원보다 열심히 힘들게 노동을 하지만 언제나 손에 쥐는 돈은 더 적을까? 착취다. 누군가가 나의 노동을 착취하기 때문에 노동에 대한 정당한 대가를 받지 못하는 것이다"라는 황대권의 말을 귀담아 들어야 할 것이다.[02]

상황이 이러할진대, 국가가 손해를 대신해 주거나 국가정책에 의

---

02 황대권, 「농업노동과 착취」, 경향신문, 2016. 9. 12.

해 얻은 이익금 또는 비자금, 탈세, 불법상속, 조세회피를 통한 부당한 부의 증가를 오로지 자신의 사유재산이라 주장할 수 있을까? 그렇지 않다면 자신이 번 '부'를 일정 부분 사회에 환원하는 것은 당연한 이치가 아닐까 — 물론 자기의 능력을 다하기 위해 열심히 밤새워 가며 매진했느냐 태만했느냐는 또 다른 형태로 계산되어 평가받아야 하겠지만. 조지프 스티글리츠는 『불평등의 대가』에서, 오늘날 미국 부유층이 누리고 있는 엄청난 부는 그만큼 생산에 기여함으로써 얻은 정당한 노력의 대가가 아니라, 지위와 권력을 이용해서 시장경제를 자신들에게 유리하도록 왜곡시킨 결과라고 단언한다. 그에 따르면 오늘날 미국에서 발생한 불평등과 빈곤의 확산은 수요와 공급 곡선의 교차로 빚어진 순수한 경제적 현상이 아니다. 경제외적 힘에 의해 조장된 금권정치의 결과물인 것이다. 따라서 이나모리 가즈오의 말처럼 "내가 가진 능력이나 내가 맡고 있는 역할, 그것이 전적으로 나만의 소유일 까닭은 어디에도 없다." 촘촘한 '연기'의 세계는 존재만의 관계망이 아니라, 그 존재의 모든 능력, 하물며 숨소리조차도 엮여 있는 그물망이다. 그것을 찢고 자존할 수 있는 존재는 없다. 이것을 늘 염두에 두어야 한다.

　　부의 분배 필요성에 대하여 마지막으로 한 가지만 덧보태기로 한다. 경제환경도 일종의 생태계이다. 분업에 따른 다양한 생산 공장이 있고, 소·중·대기업의 상품들이 존재하며 소비 주체도 다양하다. 이렇게 다양한 생산과 소비 주체들이 서로 긴밀하게 연계되어 경제활동을 영위한다. 자연생태계에서는 자연의 변화에 따른 생물종의 끊임없는 소멸과 탄생이 반복된다. 그런데 소멸한 종을 새로운 종으로 대체할 기간이 충분하다면 생태계에는 별문제가 없으나, 급격한 변화로 인해 새로운 종이 소멸종의 자리를 대체하지 못하면 생태계의 군데군데가 붕괴되고, 자연의 변화를 이겨 낼 수 있었던 다른 종들마저 ―먹이사슬, 전염병, 병균과 미생물의 변화 등에 의해― 멸종을 피할 수 없게 된다. 이를 자연의 '대멸종'이라고 한다. 경제생태계도 다양한 생산·소비 계층이 골고루 분포되어 있어야 안정적이다. 그런데 지금처럼 급격한 양극화 현상이 일어나 중산층이라는 생태계의 허리에 공백이 생기면, 부자들을 포함한 전 계층이 공멸하게 될 것이다. 이를 피하기 위해서는 부가 한쪽으로 쏠리는 현상을 막고 자연스럽게 흐르도록 유도해야 할 것이다. 건전한 경제생태계가 필요한 것이다.

자본주의 사회에서 부의 분배를 이루기 위해서는 공평한 조세제도를 통한 '복지제도'가 절실하다. 돈은 인간의 노동에 대한 대가로 주어진다. 그런데 인간의 노동력은 나이가 들어 가면서 떨어질 수밖에 없다. 그렇다면 수입이 없는 노년에는 젊은 시절 벌어 놓은 재산으로 삶을 영위해야 한다. 옛날에 국가가 풍년이 들면 곡식을 사들였다가 흉년이 들면 싸게 판매하여 백성들을 구휼하였듯이, 현대 사회에서는 젊었을 때 세금을 거두어 노후가 되면 이를 돌려주는 복지정책이 절대로 필요하다. 더구나 고령화 사회가 빠른 속도로 진행되는 현대 사회에서는 복지정책의 필요성이 더욱 절실하다고 하겠다.

그렇다면 정의로운 조세의 방법은 무엇인가? 정의는 평등의 문제가 아니라 공평의 문제이다. 논의의 여지는 있으나, '공평'은 산술적 '평등'과는 달리 '공정'을 내포하는 것으로, 많이 버는 사람이 많이 내는 것이다. 간단히 말해 저소득층의 조세 감면과 부자 증세가 실시되어야 한다. 그리고 이것을 효과적으로 달성하기 위해서는 누진세율을 강화시켜야 한다. 누진세란 소득이 많을수록 높은 세율을 적용하는 것으로, 소득세, 상속세, 증여세 등 직접세가 이에 해당한다. 일찍이 복지국가를 이룩한 서유럽의 여러 나라들은 이러한 원칙을 철저히 지키고 있다.

그런데 우리나라는 오히려 대기업에 대한 조세 감면이 행해지고 있으며, 누진세도 일정한 한도까지만 적용하고 그 이상의 소득에 대해서는 단순비례를 적용하는 이른바 '제한적 누진세'를 시행하고 있다. 이러한 일련의 조치들이 결국은 모두 국민의 부(이익)를 위한 것이라고 주장하지만, 절대 그 혜택이 서민층에게까지 공평하게 돌아오지는 않는다. 설사 돌아온다 하더라도 '부'와 '정의'의 문제는 깊이 생각해 볼 문제다. 앞서 말했듯, 행복을 가져다주는 것은 부가 아니라 정의이지 않은가! 그럼에도 불구하고 우리나라에서는 오히려 부자들의 탈세나 세금

회피가 상식처럼 행해지고 있다. 그들은 교묘한 방법으로 세금을 탈루하고 체납한다. 2014년 관세청은 고액 상습세금체납자 80명의 명단을 발표했는데, 1인당 평균 체납액이 무려 21억 원에 달한다고 하며, 2017년 12월 11일 '세금체납자현황'에 관한 국세청 발표에 의하면, 총 체납액은 11조 4697억 원으로, 그중 2억 원 이상의 고액 체납자가 2만여 명이라고 한다. 그런데 이들의 체납 이유는 대부분 은닉 또는 위장 이혼에 있었다니 기가 막히지 않은가.

부의 분배를 이루는 또 하나의 중요한 방법으로 부자들의 기부를 들 수 있다. 일찍이 키케로는 "재산을 사랑하는 것보다 더 옹색하고 미천한 것은 없으며, 만약 돈이 없다면 돈에 대해서 초연하는 것보다, 그리고 만약 돈이 있다면 공공기부와 관용을 베푸는 것보다 더 명예롭고 고상한 일은 없을 것이다"라고 기부의 중요성을 역설하였으며, 일본의 이나모리 가즈오는 "교세라의 발전으로 나도 모르는 사이에 늘어난 내 자산은 사회의 많은 사람들의 지원과 노력의 결과인 만큼, 그것을 내 개인의 것으로 여길 수는 없다. 사회로부터 받은, 혹은 사회가 내게 맡겼던 자산을 사회에 도움이 되도록 환원하는 것은 너무나 당연한 일이다"라고 말하고 있다.

유럽이 복지제도로 부의 재분배를 지향한다면, 미국은 기부문화로 재분배를 지향한다. 그 대표자로 "부자로 죽는 것은 정말 부끄러운 일이다. … 부의 축적은 가장 나쁜 종류의 우상숭배 중 하나이다. 그 어떤 우상도 돈에 대한 숭배만큼 인간을 타락시키는 것은 없다"고 한 강철왕 앤드루 카네기가 있고, 록펠러, 포드도 기부에 앞장선 사람들이다. 그 전통을 이어 조지 소로스는 몇 년에 걸쳐 자신이 운영하는 오픈소사이어티재단OSF에 180억 달러(약 20조 3500억 원)를 기부했다. 영국 파이낸셜타임스에 따르면 소로스가 평생 기부한 금액은 320억 달러에 이른다고 한다. UN에 한화 약 1조 원에 해당하는 금액을 기부하는 등 왕성한 기부활동을 벌이고 있는 CNN의 설립자 테드 터너는 그의 영향을 받아 기부의 세계에 발을 들여놓았으며, 테드 터너는 다시 빌 게이츠에게 영향을 주었다. 빌 게이츠는 "부의 사회 환원은 부자의 의무"라고 하면서 전 재산의 99%를 사회에 환원할 것을 약속하였다. 빌 게이츠는 다시 워런 버핏에게 영향을 주어 현대 기부문화의 중요한 맥을 형성하고 있다. 그 외에 저커버그 역시 자기 재산의 99%를 기부하였으며, 35년 동안 9조 원을 익명으로 기부해 왔던 찰스 F. 피니는 지난 2017년 말, 700만 달러(약 83억 원)를 모교인 코넬 대학에 기부함으로써 전 재산의 사회 환원에 종지부를 찍었다. 이 외에도 수많은 부자들이 기부에 동참하고 있으며, 경제적 여유가 없는 사람들까지도 소액이나마 기부에 나서는 등 기부문화가 활성화되어 있다.

우리나라에도 노블레스 오블리주를 실천한 사람이 있었다. 예를 들어, 경주 최 부자나 유한양행의 유일한 등이 그들이다. 약 300여 년 동안 부를 유지했던 경주 최 부자는 후일 거의 모든 부를 국가에 헌납하거나(독립자금 등) 학교 설립에 사용했다. 그 가문의 가훈은 다음과 같다.

1. 과거를 보되 진사 이상을 하지 마라.
2. 재산은 만석 이상을 모으지 마라.
3. 과객을 후하게 대접하라.
4. 흉년기에는 재산을 늘리지 마라.
5. 사방 백 리 안에 굶어 죽는 사람이 없게 하라.
6. 최씨 가문의 며느리들은 시집온 후 3년간 무명옷을 입어라.

항목 하나하나마다 부자의 사회적 책임에 대한 자각이 절절히 묻어난다. 행하기 결코 쉽지 않은 항목들이지만 오랜 기간 이 가훈은 철저히 지켜졌다.

유일한은 서슬 푸른 1950-1960년대 독재정권의 탄압 속에서도 일절 정치자금을 내지 않았다. 이로 인해 혹독한 세무조사를 받아야 했지만 철저한 수사 속에서도 전혀 탈세의 흔적을 찾아낼 수가 없었다. 평소 철저한 납세의무를 실천해 왔기 때문이다. "기업의 이윤추구가 기업가 개인의 부귀영화를 위한 수단이 될 수 없다"고 여긴 유일한은 우리나라 최초로 종업원 지주제를 도입하고 여러 차례에 걸쳐 재산을 사회에 환원하고 교육사업에 기부하였다. 당시는 정권과 야합한 기업들만이 독재정권에 막대한 뒷돈을 쥐어 주면서 승승장구 대기업으로 성장할 수 있었으므로, 그의 기업은 당연히 대기업으로 성장할 수는 없었다. 그러나 그는 늘 당당했고, 기업의 사회적 책임을 통감하였다. 그런 그에게 당시 독재정권도 어찌할 수 없었으며, 오히려 그를 치하하기까지 했다고 한다.

그러나 요즘의 재벌들은 기부에 극도로 인색할 뿐 아니라, 각종 불법으로 자신의 재산 불리기에 혈안이 되어 있다. 요즘 잘나가는 재벌대기업은 박정희 시대에 정부의 지원과 특혜를 받아 성장한 기업들이다. 그럼에도 이들은 정치권력에 주는 뒷돈에는 아낌이 없어도 사회에 이익을 환원하는 면에서는 매우 소극적이다. 수백조 원의 사내유보금을 쌓아 놓은 재벌대기업은 이것도 성에 차지 않는지 편법상속과 분식회계로 대를 이어 부를 계승하고 있다. 이런 상황이니만큼 우리나라 10대 기업의 기부율은 매우 낮아, 2016년 기준 영업이익의 2.2%로 상장기업의 평균에도 미치지 못하고 있다. 이는 2015년도의 것보다도 낮은 비율이다. 많지 않은 기부의 대부분도 세금 감면을 위한 준조세적 성격을 띠고 있으며, 그것마저 기업의 자금으로 기부하는 일회성의 성격이 강하다. 기업가가 존경받지 못하는 이유이다. 이에 반해 오히려 고생고

생하며 장사로 평생 모은 돈을 기부하는 할머님들이 종종 신문지상에 오르고 있다.

물론 요즘은 서양(미국)에서도 기부자들이 자신의 목표를 설정하고 자선단체 운용에 적극 개입하여 자신들의 사회·정치적 이념을 관철시키려는 경향이 점점 커지고 있어, 자칫하면 권력과 재력의 결합으로 나아갈 수도 있다는 문제점이 나타나고 있다. 이에 기부의 대상이 되는 비영리조직들의 투명성과 신뢰성을 강화하고, 기부금을 효율적으로 관리할 경영역량을 강화하는 것도 시급한 문제로 남아 있다.

우리나라와 같이 조세 문제에 공평성을 담보하기 힘든 정치체제를 유지하는 나라, 게다가 부자들의 기부도 매우 저조한 나라에서 부의 분배를 위해 효과적인 것은 '기본소득제'이다. 국민 모두가 빈곤선 이상으로 살 수 있도록 그에 상응하는 월간 생계비를 지급하는 것으로, 국민들이 최소한의 인간다운 삶을 누리도록 한다는 의미에서 어떻게 보면 부의 분배가 지향하는 목적에 이것처럼 유용한 것도 없다.

옛날 최저임금 수준으로 생활하던 사람이 많았던 시대에는 기본소득을 받게 되면 일을 하지 않을 수도 있었으므로 '기본소득제'란 어불성설이었다. 더구나 국가의 경제적 덩치도 크지 않아 그럴 여력도 없었다. 그러나 지금처럼 임금이 기본소득 정도를 훨씬 뛰어넘고 국가 경제의 총량이 커진 상태에서는 ─더구나 양극화가 심화된 상황에서는─

기본소득제는 절대적으로 필요하다. 스웨덴의 사회학자 발테르 코르피의 '재분배의 역설'에 의하면, 가난한 사람에게 복지를 집중하기보다 모든 사람들에게 보편적으로 제공하는 방식이 오히려 더욱 큰 재분배효과를 가져온다고 한다. 반대론자들은 '근로동기의 약화'라는 이유로 거부반응을 보이지만, 사실 기본소득을 지원받아도 일하지 않고 놀고먹을 사람은 극히 소수에 지나지 않을 것이다. 그만큼 현재의 경제생활이 기본소득을 웃돌고 있기 때문이다. 반면에 각종 억압과 통제 그리고 횡포에 조금이라도 저항할 수 있는 기본권은 갖게 된다는 장점이 있다. 재물로부터 낮은 정도의 자유는 허락되기 때문이다. 사실 인간으로서 최소한의 존엄성을 유지하고, 각종 횡포에 저항할 수 있는 최소한의 여건이 마련된다는 점에서 '기본소득제'는 매우 중요하다. '인간답게 살 권리'를 최소한이나마 보장해 주기 때문이다. 앞으로 다가올 인공지능 시대에는 인간들의 일자리 상실이 급격히 진행될 것이며, 직업 간의 임금 격차도 더욱 벌어질 전망이다. 그런데 전통적 복지 개념으로는 이 문제를 타개하기에 한계가 있다. 따라서 세계적으로도 많은 나라에서 기본소득제를 검토하고 있으며, 이미 부분적으로 시행하고 있는 나라도 있다(핀란드, 이탈리아, 영국 등). 비록 무산되기는 했지만, 스위스는 매달 성인에게 2500프랑(한화 약 300만 원), 18세 미만에게는 625프랑(한화 약 78만 원)의 기본소득을 지급하는 방안을 국민투표에 부치기도 했었다.

이제 사회 전체의 행복을 위해, 가진 것들을 어떻게 나눌 것인가에 대한 고민이 필요한 시점이다. 그런 점에서 덴마크가 저학년 때부터 연대(협동)교육을 중시한다는 사실은 시사하는 바가 크다. 또한 대부분의 서구나 미국의 초등학교에는 시민교육 과정이 있어, 한 사회의 시민으로서 어떻게 살아야 할 것인가를 어려서부터 체화시키고 있다. 인간은 사회를 구성하고 그 속에서 수많은 관계를 맺고 살아갈 수밖에 없는 존재이다. 그 관계들을 어떻게 바람직한 방향으로 이끌어 나갈 것인가를 어렸을 때부터 몸으로 익히는 것이다. 이렇게 자란 그들은 서로 나누는 삶을 자진해서 살고 있다. 내 것만을 고집하는 불통의 가진 자는 결국 그 자신 역시 행복을 맞이할 수 없다. 이런 점에서 교육은 매우 중요하다.

2. 교육

"교육은 백년지대계"라는 말이 있다. 진부한 말이지만 이 말만큼 진리도 없지 않나 싶다. 그런데 우리나라의 교육현실을 보면 암담하기 그지없다. 정권만 바뀌면 ―진보정권이든 보수정권이든― 그에 따라 교육의 전체 기조가 극단적으로 바뀌는 상황이 벌써 몇십 년째인지, 답답하다 못해 넌더리가 난다. 그러고서도 교육의 현실은 구태의연한 그대로이다. 교육이란, 한 사람을 그 사회에서 자립하여 스스로 행복을 찾을 수 있는 인간으로 육성해 가는 일이다. 여기에는 공동체 생활을 할 수 있는 기본 인성교육은 물론 직업을 통해 생계활동이 가능하도록 하는 전문교육이 포함된다. 단, 그것들은 모두 삶을 영위하는 동안 행복하도록 하기 위한 것이라는 점에 방점이 찍혀야 한다.

여기서 잠시 동양 전통사회의 교육에 관해 생각해 보기로 하자.

> 생각을 짜내면 법칙에 맞고 선량을 찾아내는 것은, 조그만 명성을 얻기에는 족해도 대중을 감동시키기에는 부족하다. 몸을 낮추어 예우하고 소원한 아랫사람의 마음을 깊이 살피는 것은, 대중을 감동시키기에는 족해도 백성을 감화시키기에는 부족하다. 만일 백성을 감화시켜 선한 풍속을 이루고자 한다면 반드시 '學(배움)'에 말미암아야 한다. (『예기』학기)

여기서 말하는 '학'은 바로 『대학』이다. 『대학』은 다음과 같이 시작된다. "大學之道, 在明明德, 在親民, 在止於至善(대학의 가르침은 사람의 밝은 덕성을 드러내어 실천케 함에 있으며, 대중을 친애하게 함에 있으며, 이를 통해 지극한 최고의 선에 머물게 함에 있다)." 이것이 바로 옛 교육의 목표였다. 이처럼 장

대한 목표를 향해 아이들은 우선 『소학』에 몸을 담는다. 거기에서는 물 뿌리고 마당 쓸고 손님 접대하는 일상의 기본 교육부터 시작하여 몸가짐을 바르게 만드는 교육을 실행한다. 몸과 마음이 하나이니 몸을 바르게 하는 데서 마음공부가 시작된다고 보았던 것이다. 그 위에서 신과 세계와 마음, 그리고 갖가지 형이상학적 비밀들을 풀어 나가고, 자신의 전공을 키워 나가며 이를 통해 위정의 방법을 깨달아야 한다고 생각했다.

　　더구나 그런 교육도 대상의 특수한 조건과 상황에 초점을 맞춰 진행하였다. 유명한 공자의 교육방법이 대표적이다. 그 사람만의 특정한 상황 속에서 자기 역할을 행하게 하는 것, 그것이 공자가 추구한 교육법이었다. 따라서 교육 대상이 되는 사람의 개성과 자질 그리고 능력에 따라 각기 다른 방식으로 가르쳤다. 예를 들어 보자.

　　『논어』 선진에는 다음과 같이 기록되어 있다. 자로가 공자에게 옳은 일을 보면 곧바로 실행해야 하느냐고 묻자 공자는 부모가 계신데 어찌 바로 실행하겠느냐고 대답한다. 그러나 염구가 같은 질문을 했을 때는 그렇다고 대답한다. 이에 대해 어떤 제자가 왜 같은 질문에 답이 다르냐고 물었다. 그러자 공자 왈, 염구는 소극적이라 앞으로 나아가게 한 것이고, 자로는 너무 적극적이라 물러서게 한 것이라고 답했다. 또 다른 예도 있다. 맹무백이 효에 대하여 묻자 "부모는 오직 자식이 병들까 근심하신다"고 답하였는데, 자유가 물었을 때는 "봉양만이 아니라 공경하는 것이 효도"라고 했으며, 자하가 묻자 "얼굴빛을 온화하게 하는 것이 효"라고 말했다. 맹무백은 근심이 많아 몸이 약했기 때문이고, 자유는 봉양은 잘하나 공경하지 않을까 염려했기 때문이며, 자하는 강직하고 의로우나 온화한 얼굴빛이 부족했기 때문이었다. 이런 교육하에서 열외되는 학생이 있을 수 있을까? 교육 시스템의 밖으로 밀려나 비행청소년으로 전락해 버리는 학생이 있을 수 있을까?

그런데 우리의 교육은 어떤가. 부와 지위의 상승만을 위한 교육, 이를 위해 명문대 입학과 대기업 취업에만 초점이 맞춰진 교육, 그래서 '인간'은 빠져 버리고 개성이나 적성은 도외시되며 학생들의 고민과 고통에는 관심조차 없는 교육, 그것이 우리 교육현실의 민낯이다. 누군가 우리나라 학교도 사람 사는 법을 가르치고 있노라고 항변한다면 이렇게 말하고 싶다. "아주 고약하게 사는 법을 가르치고 있지요!"라고. 인간의 수많은 능력 중의 하나에 지나지 않는 지적 능력, 그것도 정확한 지적 능력을 측정하지도 못하는 암기시험으로 등수를 매기고, 그 성적이 평생을 결정해 버린다. 열등생은 학교 당국의 관심 밖에서 배회하며 자칫 부정不正한 곳으로 빠져들고 만다. 그저 조용히, 얌전히 있어 주기만을 바랄 뿐, 학생들의 개성과 각기 다른 자질에는 관심조차 없는 것이다. 그래서 시험에 목숨 걸 수밖에 없는 사회가 되어 버렸다. 그렇게 평가한 성적이 미래를 살아갈 아이들에게 필요한 능력을 제대로 평가하고 있기는 한 것일까? 사실 지적 암기력은 인간의 많은 능력 중 하나에 불과하고, 기본 수준만 넘는다면 누구에게나 필요한 것도 아니고, 중요한 능력도 아니다. 더구나 전문 교육기관이 아닌 초, 중, 고에서 그런 교육만 일삼는다는 것은 아무리 생각해도 납득할 수 없다. 평가 항목을 좀 더 다양화할 필요가 있다고 생각한다.

　　　성적이 우수한 학생을 가려내기 위한 교육 시스템의 결과, 사교육이 극성을 부려 연간 40조 규모의 사교육 시장이 형성되고 있으며, ―공교육비조차 국민총생산 대비 민간 부담률은 OECD 평균을 웃돌고 있는 실정이다― 이는 교육 양극화를 초래하고 결과적으로 부의 대물림으로 이어져 대대로 빈부격차를 벌려 가는 형국으로 치닫는다. 여기에는 오로지 남을 이기고 앞서기 위한 경쟁의 구도밖에 없으며, 실제로 학교 당국도 소수의 엘리트 양성에만 관심을 기울여, 매해 입시철이면 유명 대학에 몇 명 보냈다는 것을 학교의 자랑과 명예로 생각하고 그 학생들의 이름을 자랑스럽게 현수막에 적어 내건다. 이런 사회를 부추기는 한 축이 바로 우리 교육의 현실이다. 사회가 부와 권력만을 지향하니 교육이 그럴 수밖에 없고, 교육이 그러하니 다시 사회가 그럴 수밖에 없다. 기껏 그 폐단을 고치느라 제시한 것이 특기장학생 입학제도인데, 이것이야말로 불공정의 온상이다. 이른바 '정유라 사건'으로 많은 학생들의 분노를 유발했거니와, 돈 많아 여려서 일찍 교습을 시키거나 해외로 유학 보내 단기간에 외국어 또는 각종 특기만 배워 오면, 국내 학생들은 잠도 못 자고 공부해도 들어가기 어려운 대학을 수월하게 들어가는 편법으로 사용되고 있다. 그 폐단이 심각하지만 대학 관계자들조차 그렇게 하여 자식들을 대학에 보내고 있으니, 그 폐단을 알면서도 대학이 그 제도를 없애지 않는다. 물론 재력가와 권력자들도 여기에 가세하여 굳건한 카르텔을 형성하고 있다. 청년들이 '흙수저' 운운하며 자조하는 것이 십분 이해된다. 도대체 돈 들여 단기간에 익힌 능력을 갖고 영재니 특기생이니 운운할 수 있는지 의문스럽다. 재능을 타고났지만 경제적 여건 때문에 그 재능을 살리지 못하는 아이들이나, 타고난 재능을 정말로 즐기는 아이들을 발굴해서 교육시킨다면, 암기에 특별한 능력을 갖지 못한 다양한 특기생들이 입학할 수 있다는 본래의 취지는 무색해지고, 교육의 공정성은 완전히 무시된다. 교육의 공정성은 교육기회의 획득, 교육성취 과정에서 개인의 의지, 능력 이외에 가정 배경 등의 요인이 장애가 되지 않는 것을 의미한다.

　우리나라는 이미 누구나 똑같이 배우고 꿈꿀 수 있는 기회가 사라진 불공정 사회가 되어 버렸다. 이에 김규항은 말한다. "자본주의, 특히 한국 같은 전례 없는 천민자본주의 사회에서 한 인간의 신분을 결정하는 전적인 기준은 돈이다. 돈이 신분을 사들이고 돈이 신분을 결정한다. 한국의 일류대학들은 날이 갈수록 부르주아의 자식들로 채워져 간다. 논술이니 수능이니, 대학입시의 방식이 개선될수록 대학입시는 부르주아의 자식들에게 유리해져만 간다. 대학을 우골탑이라 부르거나 노동자의 자식이 각고의 노력으로 일류대학에 들어가는 드라마는 이미 지난 시절의 전설이다."[03] '돈'이 교육에도 깊숙이 침투하고 있다는 것은 실로 안타깝고 슬픈 현실이다. 이런 교육 속에서 학생들은 남을 공감하고 배려하는 윤리의식이 희박해져 가고, 개인이기주의에 빠져든다. 이미 이에 익숙해져 "정직하게 사는 것보다 돈을 많이 버는 것이 더 중요하다"고 답한 학생이 전체 응답자의 30.1%를 점하고 있고, "부정부패를 알게 되어도 나에게 손해가 없다면 모른 체한다"고 답한 학생도 23.9%에 달한다(국민권익위원회, 「2009년 청소년 부패인식도 조사」). 게다가 한국청소년정책연구원의 2011년 3월 발표자료에 따르면, 우리나라 학생은 '관계지향성'과 '사회적 협력' 부문에서 경이로운 0점을 기록했다. 더욱 놀라운 것은, 한 대학의 학생들에게 부모가 언제쯤 돌아가시면 좋겠느냐고 질문하자 63세라고 답했는데, 그 이유가 은퇴해서 퇴직금을 남겨 주고는 바로 죽는 게 좋기 때문이라고 한다. 또한 다른 대학의 학생들에게 부모에게 원하는 것이 무엇인지 묻자 "오직 돈밖에 없다"는 학생이 무려 40%를 넘었다고 한다. 이것이 요즘 대학생들의 실상이다. 우리 교육

---

03   김규항, 「신분」, 『B급 좌파』, 야간비행, 2001.

은 과연 이대로 좋은가? 이러한 교육을 받은 학생들이 만들어 갈 미래는 어떤 모습일까?

　　이 모든 것의 원인 중 하나는 '자본주의 사회'이다. 자본주의는 인간의 본질을 '사적 욕망'으로 보며, 사회를 이러한 개인의 욕망을 충족시키기 위해 물질을 소비하고 타자와 경쟁하는 공간으로 본다.[04] 욕망과 욕망이 부딪쳐 불꽃을 튀기는 세상에서 부와 권력을 통해 남을 앞서야 한다는 인생관은 너무나도 당연하고, 그런 사회에서의 교육은 위에 열거한 모습으로 나아갈 수밖에 없지 않겠는가?

　　현 교육의 문제점을 교육 내용과 관련지어 좀 더 구체적으로 살펴보자. 현 교육의 문제점은 교과 내용이 지식 형성만을 위한 내용으로 이루어졌다는 데 있다. 예를 들어 경제학의 경우, 경제이론의 전제로 되어 있는 인간관에 대한 교육은 찾아보기 힘들고, 있다 해도 전혀 중요한 문제로 의식되고 있지 않다. 그러나 모든 경제이론은 그 바탕에 그 자신만의 특유한 인간관을 갖고 있는데, 이것이 변하면 경제이론도 변하지 않을 수 없다. 인간 존재에 대한 이해가 빠진 경제학은 참다운 경제학일 수 없다. 법인스님은 "통계와 수치로 민생을 논하는 것은 근원적 해결이 아닐뿐더러 인간에 대한 예의가 아닙니다"라고 일갈하고 있다.[05]

04　한형조, 『왜 동양철학인가』, 문학동네, 2004.

수학의 경우도 마찬가지다. 문제 풀이만을 반복하여 암기시키듯 하는 교육에 무슨 흥미가 있고, 거기에 어떤 의미가 있을까. 수학 공식이 나오게 된 이유, 그것과 삶의 관계 또는 거기에 깔려 있는 철학적 사유 등을 가르쳐야 올바른 수학교육이 아니겠는가? 아무 뜻도 모르면서 공식만 외워 로봇처럼 문제만 풀어내는 것에 도대체 무슨 의미가 있는지 궁금하다. 인생의 의미와 목적을 모르고서는 어떤 학문도 의미를 가질 수 없다. 나아가 인간에게 행복을 안겨 줄 수도 없다. 우리 학교는 오히려 창의력과 흥미를 말살시키고, 인간이 되는 법을 가르치는 데에도 실패했다. 'educator(교육자)'는 라틴어 'educare(인도하다, 안내하다)'가 어원인데, 기존의 우리 교육은 안내가 아니라 주어진 답, 그것도 사회적으로 강요되는 답을 무조건 주입시키려고 해 왔다.

또한 곧 노동 현장에 나아가 노동자로 일하게 될 학생들에게 노동권이나 노동법 등에 대한 교육이 전무한 것도 큰 문제이다. 초·중·고 수업 1만 시간 중 노동 관련 수업은 고작 5시간 정도에 지나지 않는다고 한다. 초등학생에게 질문한 결과 '노동'을 부정적인 단어로 생각하는 학생이 응답자의 60% 이상이었던 것은 그 결과가 아닐까? '노동'이라는 말만 하면 마치 종북이고 '좌빨'이라고 몰아붙이는 세태도 이에 가

05　법인, 「21세기 '애절양(哀絕陽)'」, 경향신문, 2016. 9. 23.

세하였음에 틀림없다. 그 밖에 '자본주의' '돈의 흐름' '부'에 관한 교육도 절실한 상황이다. 자본주의 사회에 살면서 그 사회의 특성을 가르치지 않는다면 우스운 일이다.

교육 시스템이 오로지 대입제도를 위주로 이루어져 있음으로 해서 대입시험이 초·중등교육을 장악하고 있는 상황도 큰 문제이다. 우리나라에서는 어떻게 하면 SKY를 비롯한 대학을 위해 변별력을 유지해 줄까 하는 토대 위에서 입시제도와 시험 문제가 좌우되고 있다. 대입시험은 고교 과정을 얼마나 이해했는가, 그리고 대학에서 수학할 수 있는 능력을 얼마나 갖추고 있는가를 측정하는 것인데, 왜 서열화된 대학을 위해 등수가 골고루 분포되도록 시험 문제를 출제해야 하는지 이해가 되지 않는다. 변별력 있는 시험 문제를 내기 위해 고등학생 수준을 훨씬 상회하는 문제 출제가 불가피하고, 학생들은 명문대에 들어가기 위해서는 그 문제를 풀어야 하므로 결국 사교육의 길로 나가지 않을 수 없다. 더구나 변별력이 없이 출제되면 출제위원이 고개 숙여 사과하는 모습이라니! 고교 공교육을 대학교와 대기업이 좌지우지하는 현실이 안타깝다. 논술시험은 논리적이고 종합적인 사고력을 향상시키려는 목적을 비웃기라도 하듯, 과외를 통한 암기식 교육으로 탈바꿈, 책도 읽지 않고 생각하지도 않고 그저 답만 번지르르하게 쓰는 기술만 교육받아 결국 비슷비슷한 답안만이 난무하는 실정이다. 물론 대학교에 학생 선발권이 없는 지금의 대입제도에서 이런 문제가 생길 수밖에 없음을 인정한다. 대학은 선발권이 없으니 변별력이라도 요구하고 싶을 것이다. 그러나 그렇다고 대학 자신이 변별력을 요구하는 것은 아무리 생각해도 우습다. '우리 학교는 1위 대학이니, 거기에 상당하는 학생들을 뽑을 수 있게 당신들이 시험을 통해 골라 줘야 합니다' 하는 식 아닌가. 적어도 교육기관인 대학이 성적 1위의 대학이라고 대놓고 말하는 것도 우습지만, 성적으로 1, 2위를 변별하자는 것도 '대학'에 어울리지 않는다.

순자는 일찍이 학문하는 이유가 "출세하기 위해서가 아니라, 곤궁해지더라도 괴로워하지 않고 걱정스러워도 의지가 쇠약해지지 않으며, 화복의 성격과 일의 본말을 잘 알아서 마음이 미혹되지 않게 하는 데 있다"(『순자』 유좌)고 했다. 먼 옛날 사람의 뜬구름 잡는 이야기로만 치부하지 말고, 지금도 곰곰이 되새겨볼 만한 말이라고 생각된다.

이제 대학 자체의 문제로 옮겨 가 보자. 대학은 깊이 있는 교양과 전문 교육의 산실이다. 이를 위해 다양한 학과를 설치하고 다양한 커리큘럼을 짜야 한다. 그런데 2016년도에 대학 '프라임PRIME: Program for Industrial needs-Matched Education' 사업이라는 것이 있었다. 소위 대학구조 조정, 정확히 표현하자면 사회 수요를 감안한 구조 조정사업이라고 할 수 있다. 이를 목표로 취업이 어려운 학과(주로 인문계, 예체능계)를 줄이고 이공계 대학인 공대를 늘리자는 슬로건을 내걸고, 이 사업에 따르는 대학에는 수십

억씩 지원해 주는 사업이다. 대학들의 호응도가 미진하여 그나마 다행이었던 이 사업은, 박근혜 정권의 붕괴로 지금 어떤 상황인지는 모르겠으나 관치식 사고의 대표적 사업이라 하지 않을 수 없다. 더욱이 그 사업에 지원해 사업비를 취득한 학교들도, 과의 이름만 사업에 맞게 고치거나 학과를 통폐합하는 데 그치고, 그 실질적 내용은 전혀 변하지 않은 상태로 유지하고 있는 상황이다. 대학이 물론 취업의 중요한 고리일 수 있다. 그렇더라도 목전의 이익만을 좇는 응용연구에 치중하는 풍토는 근본적이고 기초적인 연구를 중시하는 풍토로 바뀌어야 한다. 기초과학에 힘을 쏟는 유럽이나 일본의 저력을 눈여겨보아야 할 것이다. 더구나 대학의 목표는 취업만이 아니다. 인간이란 어떤 존재이며 어떻게 살아야 하는가, 어떻게 사는 것이 인간이 걸어야 할 바른 길인가 하는 것은 취업 이상으로 중요한 문제이며, 대학교육의 중요한 한 축이다. 그런 학문을 한 사람도 사회에서 어엿한 사회인으로 설 수 있게 호구지책이 마련되어야 한다. 취업률이 낮다고 인문학과를 없앤다니 그게 상아탑인 대학에서 할 법한 발상인가! 그러한 학과들을 취업률이라는 잣대로 없애려 하는 것은 오로지 단기간의 경제 성장이나 부국이라는 면에서만 국가와 세계를 보기 때문이다. 그야말로 근시안적인 발상, 그것도 천하디 천한 근시안적 발상이라고 하지 않을 수 없다.

4차산업혁명 시대를 앞두고 사회 여기저기서 미래를 준비하고

자 난리다. 대학에서도 커리큘럼을 상당 부분 변경하고 4차산업 시대의 기술에 대한 집중 토의가 활발하다. 물론 이것은 중요하고 바람직하다. 앞날에 대비하고 새로운 기술에 뒤떨어지지 않기 위해, 나아가 새로운 삶의 영역을 좋은 방향으로 확대시키기 위해서도 필요하기 때문이다. 그러나 아무리 4차산업 시대가 도래해도 '나는 행복한가'의 문제는 여전히 남으리라고 본다. 3차산업혁명에 접어들면서 사람들은 모두 환상적 꿈에 부풀었다. 모든 노동을 기계가 대신하고 그 시간에 인간은 여가를 즐기면서 여유로운 삶을 만끽하리라는 꿈은, 그러나 여지없이 무너지고 더욱 각박하고 고통스러운 세월을 감내하고 있다.

자공이 초나라를 여행하고 진나라로 돌아오기 위해 한수漢水 남쪽을 지나다 한 노인이 마침 밭일을 하고 있는 것을 보았다. 굴을 뚫고 우물에 들어가 항아리에 물을 담고 나와서는 밭에 물을 주고 있었다. 애를 써 가며 힘들게 일했지만 그 효과는 미미했다. 이에 자공이 말했다. "여기에 기계가 있으면 하루에 백 이랑도 물을 줄 수가 있습니다. 조금만 수고해도 효과가 큽니다. 노인께선 그걸 써 보실 생각이 없으십니까?" 밭일을 하던 노인은 고개를 들고 그를 보며 말했다. "어떻게 하는 거요?" 자공이 말하기를 "나무에 구멍을 뚫어 기계를 만들고 뒤쪽은 무겁게 앞쪽은 가볍게 합니다. 그러면 빨아들이듯 물을 퍼내는 데다 그 속도도 무척 빠릅니다. 그 기계 이름을 두레박이라고 하죠." 밭일을 하던 노인은 불끈 낯빛을 붉혔다가 곧 웃으면서 말했다. "나는 내 스승에게 들었소만, 기계 따위를 갖는다면 반드시 기교機巧의 마음이 생겨나고 그렇게 되면 기계에 사로잡히게 된다오. 그런 마음이 가슴속에 있게 되면 소박한 본래 그대로의 본성이 없어지게 되고, 그것이 없어지면 정신과 마음이 안정되지 않게 되오. 정신과 마음이 안정되지 않은 자에겐 도가 깃들지 않소. 내가 두레박을 모르는 게 아니오. 도에 대해 부끄러워 쓰지 않을 뿐이오." 자공은 부끄러워 어쩔 줄 모르며 고개를 숙인 채 잠자코 있었다(『장자』 천지).

물질(기계)문명은 끝없이 발전(?)하고 있다. 그리고 그에 비례하여 인간의 편리와 행복은 증가될 것이라는 장밋빛 꿈에 젖는다. 앞으로 유전자 가위가 나오고 인공지능 로봇이 등장하면 인간은 수백 년 장수하면서 힘들게 일하지 않고 레저만 즐기면 된다는 터무니없는(?) 꿈에 부풀기도 한다. 그런데 의문인 것은, 그렇게 발전해 왔지만, 아직까지 우리들의 삶은 '행복'이라는 면에서 조금도 나아진 게 없다는 점이다. 먼 옛날 강릉에 가려면 12시간은 걸리던 시절이 있었다. 지금은 KTX로 가면 2시간 남짓밖에 걸리지 않는다. 10시간의 여유가 생긴 셈이다. 그런데 요즘은 그 옛날 완행열차를 타고 기타 치며 강릉이며 부산에 가던 시절보다 시간적으로 더 여유가 없다. 도대체 이 아이러니를 어떻게 풀어야 하나.

이런 이야기가 있다. 어떤 사람이 면도를 하는데 무슨 급한 일이 있는 듯 서둘러 하더란다. 잘 알다시피 그러면 살을 베기 십상이다. 그래서 옆에 있는 사람이 "뭐 급한 일이라도 있소?" 하고 물었다. 그랬더니 이 사람 왈. "면도하는 게 귀찮아서 빨리 면도를 끝낼 수 있는 기계를 연구하려고요. 그런데 연구할 시간이 부족해서 이렇게 빨리 면도하는 거랍니다." 그러고는 얼마 뒤 과연 면도를 빨리 끝내는 기계를 발명했다. 그런데 또 이 사람, 미친 듯이 서둘러 면도를 하더란다. 그래서 옆 사람이 또 물었다. "아니, 좋은 기계가 나왔는데 왜 또 그리 급히 면도를 하십니까?" 이 사람 왈. "아직 빠르지 않아요. 만족할 수 없습니다. 더 성능이 뛰어나고 빨리할 수 있는 면도기를 만들고 싶은데 시간이 없어서 이렇게 …." 그는 빨리 면도하는 기계를 만들기 위해 평생을 허겁지겁 살았다는 것이다. 꼭 우리의 삶 같지 않은가? 더 편리한 기계가 나오고 또 나와도 더 편해지기는커녕 더 바빠지기만 한다. 더 좋은 물건을 만들어야 하니까. 바빠지는 것은 어른만이 아니다. 아이들도 피아노다 태권도다 영어다 해서 바쁘기는 매한가지다. 한자 바쁠 망(忙)은 마음(心)이 없는(亡) 상태를 말한다. 외물에 이끌려 마음이 있어야 할 곳에 있지 못하는 상태인 것이다. 마음이 있어야 할 곳은 자기의 뿌리인 '본성'이다. 그런데 자기가 있어야 할 곳에 있지 못하고, 부초처럼 떠다니기 때문에 늘 불안하다. 우리가 바쁘면 바쁠수록 마음이 텅 비어 안정되지 못한 것은 바로 이런 이유에서이다. 노자의 허정虛靜은 바로 "외물을 향한 마음을 고요한 자기 뿌리로 돌아가게 하라"는 경구이다. 거기서 안정과 행복은 이루어진다.

사실 과학기술이 발달할수록 인간의 탐욕은 커진다. 그리고 그럴수록 자연은 자신의 모습을 깊숙이 감추고 삶의 의미는 베일 속으로 멀어져만 간다. 자연을 밝히기 위해서 출발한 과학기술이 오히려 자연의 신비스러운 속살의 드러남을 방해하고 있는 격이다.

인공지능, 유전자 가위, 자율주행차가 세상을 뒤덮게 되어도, 그리고 아무리 200세, 300세를 사는 세상이 와도 여전히 인간의 행복은 채워지지 않을 것이다. 그것은 외적 문제가 아니라 마음의 문제이기 때문이다. 4차산업혁명에 대한 활발한 토론만큼이나 '마음과 행복'에 대한 토론도 대학 내외에서 활발했으면 하는 바람이다. 미디어 매체도 정치 토론만 할 것이 아니라 이런 것을 주제로 하는 토론의 장을 지속적으로 만들어 주었으면 한다. 왜 이토록 불행하면서도 오로지 경제 성장만이 해결책인 양 소리 높이고 있는지, 왜 이런 문제에 대해서는 좀처럼 주의를 돌리지 않는지 궁금하다. 회심回心! 이것이 필요한 시점이다. 우리 학생들이 '성적'이라는 지독한 올무에서 벗어나, 스스로 자기 미래를 계획하고 실천할 수 있는, 그리고 자기의 행복을 만들어 나갈 수 있는 사람으로 커 가길 진심으로 바란다.

혹자는 이런 식의 교육으로는 세계의 변화에 대응할 수 없다고 한다. 그들이 말하는 변화의 의미는 결국 경제적으로 뒤처진다는 것이리라. 도대체 행복하지 않은 아이들이 경제 성장만을 위한 교육을 받아 무엇을 하겠는가? 그리고 정말 그것으로 경제 성장이 이루어지기는 하는 걸까? 공동체 속에서의 시민역량을 키우는 데 중점을 둔 서유럽 복지국가의 교육이 경제 성장에 반하는 교육이기에 그 국가들이 지속적 성장을 못하고 있단 말인가? 그래서 그들이 불행하다는 말인가? 그렇다면 행복지수 세계 1위이자, 1인당 국민소득이 우리나라의 2배(2017년 기준 5만 2871달러로 세계 10위)를 차지하는 덴마크의 교육을 잠시 살펴보기로 하자.

대학의 서열이 없을 뿐만 아니라, 기본적으로 성적을 갖고 학생들을 평가하지 않는 덴마크의 교육은 '덴마크 교육의 아버지'라 불리는 그룬트비의 영향이다. 그룬트비는 말한다. "부자가 적고 가난한 자는 더 적을 때, 우리 사회는 풍요로워진다"고. 이것이 덴마크 교육의 토대이며, 발달한 덴마크 사회복지의 원동력이다. 그는 말한다. "행복하려거든 사랑하고 감사하라!"

오연호의 『우리도 행복할 수 있을까』(오마이북, 2014)를 빌려 덴마크 교육의 실상에 접해 보자. 그에 따르면, 1학년에서 9학년 그러니까 우리나라식으로 하면 초등학교와 중학교의 학교 운영방식은 대체로 다음과 같다. 첫째, 학교는 어떤 인생을 살 것인가를 학생 스스로 찾는 방법을 가르치는 곳이다. 둘째, 개인의 성적이나 발전보다 협동을 중시한다. 셋째, 학생과 학부모와 교사와 교장 중 누구도 소외되지 않고 학교 운영의 주인이 된다. 넷째, 학생들이 여유 있게 충분한 시간을 두고 인생을 자유롭고 즐겁게 사는 법을 배운다. 다섯째, 학교에서 배우는 것들이 사회에서도 통한다는 사실을 알고 있기 때문에 학생들이 걱정이나 불안감 없이 안정되어 있다.

그들의 교육은 기본적으로 자유, 즐거움, 연대(협동) —이것이 그룬트비의 교육철학이다— 의 가치를 강조하고, 엘리트 교육이 아니라 학생들의 꿈을 키워 주고 그들이 사회에 나가 다양한 영역에서 스스로 행복한 삶을 찾을 수 있는 방법을 가르쳐 주고자 한다. 꿈같은 이야기이다. 그런데 그 나라가 행복지수 1위를 차지하는 나라라면 우리도 그러한 교육에 관심을 가져 봐야 하지 않겠는가? 대학 서열이 무너지고 그래서 엘리트 교육이 상실되면 나라가 망하기라도 할 것처럼 요란을 떠는 사람들에게 꼭 묻고 싶다. 그래서 우리나라는 이 모양이냐고!

이제 교육은 완전히 바뀌어야 하는데, 그건 국가가 지향하는 이념 틀이 바뀌지 않으면 불가능하다. 경제 성장이 아니라, 인간적 삶을 지향하고 행복한 삶을 지향하는 시스템으로 국가가 변화해야 교육도 변화가 가능하지 않겠는가. 물론 교육계에서만이라도 변화의 바람을 일으키는 것은 중요하다. 그러나 그것이 힘을 받기 위해서는 국가 전체의 변혁이 이루어져야 하고, 이를 위해서는 국민들의 적극적인 정치 참여가 요구된다.

3. 정치 참여

복잡다단해진 현대 국가에서는 다양한 이익집단이나 공동체의 의견 조정을 위해 정치의 필요성이 그 어느 때보다 절실하다. 한 나라의 흥망이 정치가들에게 달려 있다고 해도 과언이 아닐 정도이다. 우리는 헌정사상 초유의 탄핵 사태를 겪으며 그 실례를 똑똑히 목도한 바 있다. "그 지위에 맞지 않으면 그 정사를 도모하지 않는다"(『논어』양화), "군자는 생각이 그 지위를 벗어나지 않는다"(『논어』헌문)는 공자의 말이 새삼 진리로 느껴졌다. 권력의 속성상 정치가는 부패의 가능성을 다분히 안고 있다. 게다가 많은 경우 부패한 사람들 —권력이 생기면 그것을 남용할 여지가 많은 사람들— 이 주로 권력을 좇는다. 따라서 정치가들 자신의 의지뿐만이 아니라 그들을 감시하는 제도가 반드시 필요하다. 행복한 나라는 저절로 얻어지는 것이 아니다. 시민들이 눈을 크게 뜨고 위정자들을 감시해야 한다. 그러기 위해서는 정보가 부족한 시민에게 언론 등이 올바른 정보를 끊임없이 제공해 주어야 하고, 시민들의 자발적 단체인 시민단체도 활성화되어 정치권력을 견제하는 역할을 해 주어야 한다. 그러나 아쉽게도 우리나라의 언론은 오랜 기간 관보나 정권의 나팔수 역할을 해 왔다. 팩트에 기초한 정부 견제의 역할이 요구된다. 시민, 사회단체도 초심을 잃지 않도록 늘 자신을 돌아보아야 한다. 조직의 문제점은 자칫 권력화되기 쉽고 권력과 야합하기 쉽다는 것이기 때문이다.

현대 사회에서 경제와 정치, 사회와 문화, 개인의 행복은 상호 작용하며, 결코 분리될 수 없는 관계에 있다. 부패한 정치는 필연적으로 경제 위기를 몰고 오고, 국민의 행복은 저하된다. 국민의 이익보다 재벌이나 특권층의 이익을 위해 움직이는 사회에선 공정한 분배, 경제적 발전을 기대하기 어렵다. 로드니 바커가 말하듯이 "정치권력이 소수에 집중되면 비리와 경제적 비효율성이라는 부정적 경제효과가 발생"한다. 독재나 부의 집중이 국가의 멸망과 깊은 관계가 있음을 역사는 여실히 보여 주고 있다.

그렇다면 어떻게 공정하고 정의로운 정부를 만들 수 있을까? 현대 사회에서 과거처럼 민란이나 민중봉기는 불가능하다. 대신 투표라는 형태로 정부를 바꿀 힘이 국민에게 주어져 있다. "군주는 배요, 백성은 물이다. 물은 배를 띄우기도 하지만 뒤집어엎기도 한다"는 말처럼,

그것은 결국 국민의 힘이며, 국민의 힘이 궁극적으로 표출되는 것은, 현대 민주주의를 표방하는 국가에서는 '투표'다. '정치 참여'가 사회를 바꾸고 '행복국가'라는 기적을 만든다. 우리는 조그만 사익이나 집단의 이익을 넘어서 국가, 사회 그리고 우리 미래세대를 위한 결단을 내려야 한다. 과연 누가 사회 정의를 이룰 것인가? 그것이 실은 조그만 내 개인적 이익보다 나의 행복을 보장해 주는 길이다. 일찍이 페리클레스는 "정치에 관심이 없는 시민은 자신의 사업에 충실한 사람이 될 수 없다"고 정치 참여를 독려하였다.

돌로레스 파디에르나 루나 멕시코 상원의원은 "(멕시코의) 주요 재벌과 경제 특권층이 규제 기관장들을 임명하고 대통령을 선출하고 국회의원을 뽑죠. 그들이 국가이자 정부나 다름없어요. 그렇기 때문에 공공기관이 그들을 위해 일하는 거죠"[08]라고 말한다. 멕시코가 부정부패의 온상이며, 빈부격차 순위의 1, 2위에서 헤어나지 못하는 이유가 바로 여기에 있다. 투표의 힘이 얼마나 큰지 알 수 있는 대목이기도 하다. 외국의 경우이긴 하지만, 부자들은 비밀회합을 통해 그들의 거대 자본을 이용하여 국가의 앞날을 결정하는 등 정치에 적극적으로 참여하여 자신들의 이익을 관철시키려 노력한다. 2016년, 힐러리와 샌더스 간의 민

06   KBS 〈부국의 조건〉 제작팀, 『부국의 조건』, 가나출판사, 2016.

주당 대통령 후보 선출을 위한 선거 기간, 시민단체인 '민주주의의 봄', '깨어나는 민주주의'가 시위에 참여하여 "미국의 민주주의 선거는 소수의 백만장자들과 그들이 내는 '빅 머니'에 점령당했다"고 주장하면서, 정치인들이 거액의 후원금을 내는 소수의 이권을 지키기 위한 정책을 펴고 있음을 비판하기도 하였다. 그럼에도 불구하고 저소득층은 생계 때문에 시간이 없다거나 누가 되어도 마찬가지라는 핑계로 투표조차 하지 않는다. 우리나라는 소득 상위 20%와 하위 20%의 투표율 격차가 무려 29%에 달하며, 이는 OECD 국가 중 가장 높은 수치이다(호주는 그 차이가 2%에 불과함). 정책의 보호가 필요한 저소득층의 의견이 정책에 더 적게 반영될 수밖에 없는 구조이다. 우리는 정치가들이 이러한 상황을 정확히 파악하고, 그 지지표만을 위하여 정책안을 제시한다는 점을 분명히 알아야 한다. 더구나 우리나라는 안보라는 문제와 관련하여 부자들을 대변하는 정치집단에 가난한 자들이 몰표를 던져 주기도 한다. 부의 분배를 주장하는 정치집단에 경제적 하층에서 표를 주지 않는 이른바 '계급배반투표'가 두드러지게 나타나는 상황인 것이다.

그렇다면 어떤 사람을 뽑을 것인가? 일찍이 조광조는 바람직한 국가를 건설하기 위해 '지치주의至治主義'를 강령으로 내걸고 개혁을 주도했다. 그는 '지치주의'의 완성은 백성 개개인의 깨달음에 있다고 생각했다. 그러나 이것이 현실적으로 불가능하다고 본 그는 임금이 성군이어야만이 그나마 그것이 가능하다고 보고, 임금을 성군으로 만들기에 온 힘을 쏟아부었다. 비록 실패하고 말았지만, 그의 이념은 지금까지도 인구에 회자되고 있다. 그의 말처럼, 국민 개개인이 자각하고 올바른 국가의 방향을 제시해 가는 것이 가장 중요하다. 그러나 그것이 현실적으로 어렵다면, 그러한 노력과 함께 위정자의 사고를 바꾸거나, 또는 올바른 위정자를 뽑는 것이 차선책이라고 할 수 있다.

"사람이라면 누구나 의로움과 이익을 추구하는 마음 둘 다 가지고 있어, 비록 요·순임금이라 하더라도 이익을 바라는 백성들의 마음을 없앨 수는 없다. (좋은 정치란) 이익을 바라는 그들의 마음이 의로움을 좋아하는 마음을 이길 수 없게 하는 것이다"(『순자』 대략). 이것이 정치의 기술이며, 이런 능력을 가진 위정자를 뽑아야 한다.

물론 현대 사회에서는 현대적 리더십, 국가에 대한 종합적 통찰력, 미래 변화를 꿰뚫는 예지 등이 필요하다. 단 그것들에 대한 세세한 능력을 모두 겸비한 사람은 없다. 각각에 맞는 인재를 적재적소에 등용하고 그들의 힘을 빌려 실천해 가면 된다. 그래서 예나 지금이나 인재 등용이 위정자의 가장 중요한 덕목이라고 말하는 것이다. 그와 아울러 빼놓을 수 없는 것이 위정자의 됨됨이다. 사람은 그렇게 쉽게 변하지 않는 법이니, 됨됨이는 지나온 삶의 여정을 보면 알 수 있다 — 이를 위해 정치가나 고위 공직자에 대한 모든 정보는 (물론 사생활은 보호되어야 하지만) 상세히 공개되어야 한다. 얼마나 남을 위해 살아왔는가, 혹 권력에 야합하여 정의를 눈감지는 않았는가, 약자들을 위해 힘써 왔는가 등을 꼼꼼히 살펴봐야 할 것이다. 부와 권력을 탐하지 않고, 행복이 무엇인지를 아는 자만이, 그래서 백성을 행복하게 하는 것을 자신의 임무로 생각하는 자만이 위정자가 되어야 한다. 이것은 기쁨과 슬픔을 국민과 함께 하려는 진정한 '사랑의 마음'이 있어야 가능하다. 일찍이 맹자는 다음과 같이 말하였다. "백성들의 임금이 되어 가지고 백성들과 더불어 즐기지 않는 것은 크나큰 잘못입니다. 백성들의 즐김을 함께 즐기면, 백성들도 역시 임금의 즐김을 함께 즐기게 됩니다. 백성들의 걱정을 함께 걱정하면 백성들도 임금의 걱정을 함께 걱정하게 됩니다. 즐김도 천하와 더불어 하고, 걱정도 천하와 더불어 한다면, 그러고도 왕 노릇을 제대로 하지 못하는 사람은 있을 수가 없습니다"(『맹자』 양혜왕상). 이른바 '여민동락 與民同樂'하는 것이 위정자의 첫째가는 덕목임을 말하고 있는 것이다. 플라톤의 철인정치나 유교의 덕치 등도 이런 맥락 위에서 주장되는 것이 아니겠는가.

공정하고 정의로운 국가, 그래서 국민이 행복한 국가를 만드는데에는 위정자의 역할이 자못 크다. 그 위정자를 선택하는 것은 우리들의 몫이다. 그것은 늘 그들을 주시하고 감시하며, 그 결과를 투표로 결단하는 우리의 정치 참여에 달려 있다.

글을 마무리하며
— 부와 행복

06

우리는 누구나 '행복'을 꿈꾼다. 그러나 막상 행복이 무엇인지, 어떻게 오는지는 잘 모른다. 한 가지 분명한 사실은, 가지려고 하면 할수록 행복과 멀어진다는 점이다. 그래서 불가는 '무소유'를 주장하고, 스님들은 옷 몇 벌과 발우 하나면 족하다고 하였던가!

인간은 살아가기 위해 먹고 입어야 한다. 그런데 스스로 먹고 입을 것을 만들 수는 없으니 사회에서 필요한 다른 일들을 해서 먹을 것과 입을 것을 사야 한다. 그 매개물이 돈이다. 노동을 해서 그 대가로 돈을 받고, 그 돈으로 의식주를 해결하는 것이다. 따라서 돈 자체는 필요한 것이며, 의식주를 해결하고 기타 필요한 물건을 사려는 것도 삶을 영위하기 위해서 너무나 당연한 일이다. 문제는 필요하지도 않은 것을 사려는 데 있다. 이렇게 말하면 "절대 그렇지 않다. 다 필요하기 때문에 사는 것이다"라고 강변할지 모르나, 자세히 들여다보면 그렇지 않은 경우가 비일비재하다. 사실 몸 하나 건사하는 데 무슨 물건이 그렇게 많이 필요하겠는가. 그런데도 어느 집이나 방 안 가득, 거실 가득, 부엌 가득 물건이 넘쳐 난다. 그것도 모자라 수납장을 새로 단다고 난리다. 주위를 가만히 보면, 옷 많고 신발 많은 사람일수록 신을 신발이 없고 입을 옷이 없다고 불평이다. 분명 옷장에 옷이 가득하고 신장에 신발이 가득한데도 말이다. 있는데도 자꾸 더 사는 것은 새것을 살 때의 쾌락과 소유했다는 만족감 때문이다. 그런데 문제는 '쾌락'의 특성상 거기에 한번 빠지면 헤어나기 힘들다는 점이다. 한동안 홈쇼핑 중독이 뉴스에 오른 적이 있는데, 그들이 안 사려고 다짐해도 다시 사게 되는 것은 필요해서가 아니라 이미 습관이 되어서 안 사면 불안하기 때문이다. 그런데 자꾸 물건을 사려면 돈이 필요하다. 그래서 이제 사람들은 '부자'를 꿈꾼다. 그러나 부자를 욕구하는 순간부터, 우리는 돈의 노예가 된다. 만족은 없고 탐욕만이 있을 뿐이다. 돈을 모으고 또 모아도 늘 부족하다. 부족하다고 느끼니 이제는 오히려 사지도 못하고 돈을 모으는 데만 열중한다. 단지 수단에 지나지 않는 돈이 목적으로 변하는 순간이다. 이렇게 되면 늘 불행이 주위를 서성인다. 물질에 대한 소유욕을 버리고 다른 것에서 꿈을 찾지 않으면 그림자처럼 붙어 버린 불행은 목숨을 다할 때까지 우리를 놓아주지 않는다. 그래서 법정스님은 "현대인의 불행은 모자람이 아니라 오히려 넘침에 있다. … 우리가 불행한 것은 적어서가 아니라 따뜻한 가슴을 잃어 가기 때문이다"라고 한탄한다.[01]

그런데 여기서 잠시 생각해 볼 것이 있다. 인생에 있어 우리가 진정 갖고 싶은 목록을 들라면 보통 사랑, 우정, 품격 등을 꼽는 경우가 많다. 그것이 행복을 가져다준다고 생각하기 때문이다. 그런데 이러한 것들은 돈이 있어도 가질 수 없는 것들임과 동시에, 돈이 없어도 가질 수 있는 것들이다. 결국 우리가 정말 원하는 것들은 돈과 그리 큰 관계가 없다는 것을 알 수 있다. 물론 그러한 가치들이 우리가 원하는 대로의 큰 효용을 가져오려면 어느 정도의 돈이 뒷받침되는 것이 필요하다. 생계가 불편할 정도의 가난이라면 그러한 가치들도 의미가 반감되기 때문이다. 그러나 위의 예를 볼 때, 우리가 진정 원하는 것들을 얻기 위해 돈이란 것이 그다지 중요한 것은 아니라고 분명히 말할 수는 있지 않을까? 그럼에도 불구하고 우리는 돈, 돈 하면서 살아간다.

2009년 영국 로이터통신과 여론조사기관 입소스가 23개국 2만 4000명을 대상으로 "당신은 돈이 인생 최고의 성공 증표라고 생각하십

---

01 법정, 「스스로 행복한 사람」, 『살아 있는 것은 다 행복하라』, 조화로운삶, 2006.

니까?'라는 설문조사를 했는데, 한국인의 69%가 "예"라고 답했고 이는 참가한 국가 중 가장 높은 수치였다고 한다. 우리나라 사람들은 성공 또는 행복의 기준을 '돈'의 많고 적음으로 생각하고 있다. 위에서 사랑, 우정 등이 행복을 가져다준다고 했지만, 많은 사람들이 현실적으로는 돈이 행복의 열쇠라고 믿고 있는 것이다. 그 이유는 무엇일까? 앞서 말한 것들을 다시 한번 요약해 보기로 한다.

부자가 되고 싶은 이유는 아마도 지금 못 가진, 그러나 갖고 싶은 많은 것들을 가질 수 있기 때문이다. 물론 소유욕만이 아니라 과시욕이나 지배욕도 있을 수 있으나 그것 역시 갖고 싶은 것에 속한다고 볼 수 있다. 사실 부자가 되면 그것들을 일정 정도 가질 수 있다. 따라서 욕망을 채워 준다는 면에서 볼 때 물질적 부가 행복의 중요한 요소임에는 틀림없다. 그러나 그것이 무조건적으로 행복을 가져다주는 것은 아니다. 오히려 재앙의 원인이 되어 자신을 파멸로 이끄는 경우 또한 허다하다. 막상 부자가 되면 지금 갖고 싶어 하던 것들은 안중에도 없고 쉽게 갖지 못하는 더 비싸고 귀한 다른 것들이 갖고 싶어지기 때문이다. 이처럼 끊임없이 일어나는 욕구를 재물로서의 부는 결코 만족시켜 줄 수 없다. 부자가 되면 탐욕은 자꾸 커지기 때문이다.

(재물로서의) '부'는 말 앞에 매단 당근과 같이 곧 잡힐 듯하면서도 좀처럼 잡히지 않는 신기루이다. 어쩌면 부는 우리 관념으로만 존재하

는지도 모른다. 아무리 돈을 쌓아 놓은 부자라도 자신은 부자라고 생각하지 않을 뿐 아니라, (혹 그렇게 생각한다고 하더라도) 갖가지 방법으로 돈을 불리려는 모습만 봐도 알 수 있지 않을까? 그들이 돈을 더 모으려는 것은 아직 부족하다는 것이고, '결핍'은 가난의 징표는 될지언정 '부자'의 표상은 아니기 때문이다. 그렇다면 결국 재물로서의 '부'는 '풍요로움'을 가져다줄 수 없으니 행복을 견인할 수도 없다. 순간적 행복이나 표피적 쾌락은 가져다줄지언정 존재 심연에서 솟구치는 행복감을 거기에서는 절대 얻을 수 없다. 일찍이 이를 간파한 에피쿠로스는 말한다. "충분히 있어도 적다고 느끼는 사람에게는 그 무엇도 충분하지 않다!" 어느 정도까지의 부는 행복의 조건이지만, 이후에는 부가 행복과 정비례하지 않는다는 점은 이미 많은 사회학적 연구 결과가 입증해 주고 있는 사실이다. 따라서 우리는 어느 선에서 부에 대한 욕심을 내려놓아야 한다. 그런데 거기에는 '마음'과 의지가 중요하다.

　　아파트 단지 내 놀이터를 지날 때면 가끔 초등학생 때 친구들과 일명 '땅따먹기' 게임을 하던 시절을 생각하며 추억에 잠기곤 한다. 아무것도 아닌, 결코 내 것이 될 수 없는 그 땅을 뭘 하겠다고 그렇게 열심히 따먹으려 했는지! 생각할 때마다 어이없어 혼자서 킥킥대곤 한다. 심지어는 친구와 티격태격 다투기까지 했으니 참 우습기도 하다. 구슬이나 딱지는 그래도 내 것이라도 되지만, 이 놈의 땅은 정말 아무것도 아닌데. 지금은 우습지만, 그때는 그 땅이 무척 가치 있는 것이었을 게다. 그렇다면 혹시, 다시 수십 년이 지나 과거의 추억에 잠기게 될 때, 지금 내가 그렇게도 집착하고 내 삶의 희비를 갈라놓던 많은 것들이 초등학생 시절의 땅과 같을지도 모를 일이다. 사실 내려놓기만 하면 아무것도 아닌 것을 왜 그렇게 껴안고 힘겹게 살아가는지! 내 것도 아닌 것들을 손에 넣으려 삶을 허비하면서 깊은 주름살만 늘려 가지 말고, 이제부터는 내 것만을 갖자. 사실 가지려는 마음만 조금 줄이면 행복은 바로 곁에 다가올 것이다.

부를 추구하는 또 한 가지 이유는, 미래를 예비하여 행복한 삶을 영위하기 위해서는 부의 축적이 필요하다고 생각하기 때문일 것이다. '가난'이 보여 주는 극심한 고통을 주변에서 보아 왔기에 그런 욕구는 더욱 간절할 것이다. 가난의 고통이 두려워 부를 축적하려는 마음은 충분히 이해한다. 하늘이 무너질 듯한 그 고통과 서러움을 알기에 행복을 미래로 유예시키면서까지 부를 추구하는 것이리라. 그러나 '가난' 역시 부와 마찬가지로 다분히 관념적이고, 우리가 생각하듯 불행하기만 한 것은 아니다. 물론 기본적 욕구를 충족시킬 수 없는 '절대적 빈곤'의 경우는 매우 심각한 문제이며, 국가가 개입하여 그들의 삶의 질을 일정 정도 보장해 줄 필요가 있다. 그러나 상대적 빈곤은 '부'와 마찬가지로 많은 경우 '마음'의 문제이고, 지족의 문제이다. 김규항은 말한다. "가난은 수치스러운 것인가? 아니다. 가난은 불편하고 때론 참으로 고통스러운 것이지만 적어도 부유보다는 정당하고 품위 있는 삶의 방식이다."[02]

부가 행복의 기준이 아니듯, 가난도 불행의 원인이 아니다. 우리가 고통스러운 것은 다른 데 그 원인이 있음에 틀림없다. 가난을 두려워하는 마음, 부에 집착하는 '마음'이 문제이다. 그런 마음을 내려놓을 수 있다면 그것이 우리에게 불행을 가져오지 못한다. 『부의 본심』의 저자 루신화는 말한다. "돈은 은행에 있고 사람은 병상에 있거나, 돈은 은행에 있고 사람은 감옥에 있거나, 돈은 은행에 있고 사람은 무덤에 있다"고. 돈을 쓰려고 모아 놓은 것이 아니라 미래를 예비하기 위해 쌓아 놓은 것이라면 그 돈이 아무리 많아도 그 주인과 무관하다. 그 '미래'는 죽기 전까지 계속 유예되기 때문이다. 결국 엄청난 재산을 모아 놓고도 만족하지 못하며, 써 보지도 못한다. 그래서 요즘 이른바 '욜로족('You Only Live Once'의 약어 'YOLO'를 말함)'이 부각되고 있다. "인생은 한 번 뿐, 현재를 즐기자"라는 뜻으로 풀이되지만 그 의미는 그렇게 간단하지 않다. 이것은 물질적이고 쾌락적인 유흥을 뜻하지 않는다. 지금의 행복을 끝없이 미래로 유예하면서 그 (오지 않을) 미래만을 바라보며 현재의 삶을 고통

---

02   김규항, 「품위 전쟁」, 한겨레21, 2007. 5. 29.

속에서 살아가는, 그런 몽매한 삶의 양태를 버리자는 것이다. 지금 이 순간, 하고 싶은 것을 열심히 정열적으로 영위하며 사는 것이야말로 현재도 즐겁고 그 현재의 연장선에 있는 미래도 행복하게 하는 길이라는 철학적 성찰이 들어 있다. 밝은 현재가 밝은 미래를 보장한다! 일리 있는 말이다.

　우리 모두는 장님이다. 육체적 눈이 먼 것이 아니라 물질적 탐욕과 위선에 정신의 눈이 멀어 버린 것이다. 이 도시는 이제 '눈먼 자들의 도시'이다. 언제 눈을 뜰지 암담한 채로 하얗게 변해 버린 세상이다. 탐욕을 내려놓지 않는 한 눈을 뜰 가능성은 없다.

　'탐욕'을 내려놓기 위한 여러 가지 동양 사상적 방법들을 앞에서 언급했다. 선한 본성의 자각, 무위자연적 삶, 연기의 자각 등이 그것이었다. 그러한 과정을 거쳐 우리는 '본래 생명'에로 돌아갈 것이며, 그러면 자연히 중용점(지족점)을 알게 될 것이다. '이카로스의 욕망'이라는 유명한 신화가 있다. 다이달로스는 크레타에서 탈출하기로 결심하고 새의 깃털을 모아 엮고 거기에 밀랍을 발라 날개를 만들었다. 그리고 하나는 자신이 갖고 다른 하나는 아들 이카로스에게 주면서 "너무 높이 날면 태양열에 의해 밀랍이 녹으니 너무 높이 날지 말고, 너무 낮게 날면 바다의 물기에 의해 날개가 무거워지니 항상 하늘과 바다의 중간으로만 날라"고 주의를 주었다. 그러나 이카로스는 태양에 너무 가까이 날았기 때문에 날개의 밀랍이 녹아 바다로 떨어져 죽게 된다. 여기서 말하고자 하는 것이 기존의 가치관을 넘어서는 청년의 진취적 기상 또는 비상하는 열정 등도 있겠지만, 결국 그것들이 귀결되는 지점은 '중용'이다. 하늘과 바다 사이를 비행한다는 것은 양극단을 피한 중용을 말하고 있는 것이다. 거기에 이르는 길이 앞서 살펴본 충서, 입지, 심재, 좌망, 지관 등이다.

신경경제학에서는 인간 뇌의 신경 가운데 달콤한 맛이나 기분 좋은 향기 등을 떠올릴 때 반짝이는 영역이 있는데, 돈이 생길 거라고 기대할 때 바로 그 부분이 반짝이는 현상을 보인다는 사실을 알아냈다. 돈이 그만큼 '달콤하고 향기롭다'고 생각한 것이다. 이제 돈이 아니라 다른 이타적 행동으로 인해 그 회로가 반짝이도록 신경계를 변화시켜 나가야 한다. 이것은 자연히 이루어지는 것이 아니라, 계속된 의지적 노력과 훈련에서 이루어지는 것이다. 그렇게 될 때, 스쳐 가는 한 줄기 바람도, 화단에 핀 이름 모를 연약한 들풀도 행복의 전구를 밝힐 것이다. 아우구스티누스는 "나는 다른 사람의 쇠사슬에 의해서가 아니고 바로 나 자신의 의지의 쇠사슬에 의해 묶여 있었습니다. 내 의지가 왜곡되어 욕정이 생겼고, 욕정을 계속 따름으로써 습관이 생겼으며, 그 습관을 저항하지 못해 필연이 생겼기 때문입니다. 이것들은 쇠사슬의 고리처럼 서로 연결되어 나를 노예의 상태에 강하게 붙들어 매어 놓았습니다"라고 고백하면서 이 악순환의 고리를 끊는 길은 오직 새로운 의지를 확보하는 길뿐이라고 역설하고 있다. 행복이냐 불행이냐는 기실 우리의 선택이다. 우리가 행복을 선택하는 순간 우리는 행복하다. 문제는 무엇을 선택하느냐에 있을 뿐이다. "내 마음속에는 두 마리 늑대가 살지요. 한 마리는 사랑이란 이름이고, 또 한 마리는 미움이랍니다. 삶은 내가 어떤 놈에게 매일 먹이를 주느냐에 달려 있어요."[03] 자! 우리는 어느 늑대에게 먹이를 주고 키울 것인가?

사실 밖에서 부자의 담장을 들여다볼 때만 부러울 뿐, 직접 담장 안으로 들어가면 거기도 온통 불행의 그림자다. 혹 그들이 행복하다면 그것은 그들이 가진 '부' 때문은 아닐 것이다. 부와 행복이 연동하지 않는다면, 풍요롭고 넉넉함을 의미하는 '부'는 더 이상 재물을 기준으로 할 것이 아니다. 무엇이 돈을 대신하여 ⼧ 아래 들어갈 것인가? ⼧ 아래 들어가 행복을 견인해 낼 수 있는 참된 '부'는 무엇일까?

꽃 한 송이를 보고 생명의 기쁨을 느낄 줄 아는 능력, 곤경에 처한 이웃에게 조그만 선의를 베풀 수 있는 능력, 자신을 사랑하고 자신의 삶에 만족하는 능력, 이러한 것들은 돈에 못지않은 '부'의 기준이다. 아니, 삶이 의미 있기 위해서는 훨씬 필요한 능력이다. 실은 이것들이야말

<hr />

03   릭 핸슨 외, 『붓다 브레인』, 장현갑 외 역, 불광출판사, 2010.

로 '부'의 기준이 되어야 하고 '유능함'의 기준이 되어야 한다.

　　어느 책에서 읽은 이야기다. 열심히 농지를 일구어 모든 사람들이 잘 먹고살던 부족이 있었다. 어느 해 농법을 개량하여 기존 수확량의 2배 가까운 증산을 했다. 이에 족장에게 가서 이 사실을 말하고 앞으로의 대책에 대하여 물었다. 이때 족장이 한 말이 걸작이다. "그렇다면 이제부터는 기존 농지의 반만 일구시오. 그리고 남은 시간을 당신들 자신과 가족들의 여가를 위해 쓰시오!" 우리는 보통 이런 경우 "그래요? 그럼 그 옆 땅도 개간해서 새로운 농법으로 농사를 지으면 우리의 수익은 4배, 8배로 급증하지 않겠습니까? 그러면 우리는 부자가 되고 행복해질 것입니다"라고 할 것이다. 얼마나 좋은 기회인가. 옆 땅을 개간하건 헐값에 사건, 그 땅에서 자란 농작물을 내다 팔면 그게 모두 '돈'인데! 그러나 왜 모를까. 그것이 탐욕의 시작인 것을. 족장의 판단과 결단에 절로 고개가 숙여진다. 이것은 허황된 이야기가 아니다. 이와 똑같은 이야기가 실존 인물, 그것도 우리나라 대통령에게도 있었다.

　　문재인 대통령이 (아직 대통령이 되기 전인) 2016년 6월 네팔을 방문하여 누와코트 지역 지진피해자 구호활동에 참여했을 때의 이야기다. 옆에 있던 어느 가난해 보이는 사람에게 "땅을 좀 더 개간하면 가족들이 더 부유하게 살 수 있지 않느냐"고 물었다. 이때 그 사람이 "그럼 언제 가족들과 노느냐"고 답했고, 이에 문 대통령은 고개를 끄덕였다고 한다.

네팔의 이 가난한 사람의 뜻이 바로 족장의 뜻이었다. 가난해 보이던 그 사람은 우리가 생각하는 '가난'한 사람이 아니었다. 그는 비록 부유하지는 못해도 가족들과 보내는 시간의 의미를 알고 그 속에서 행복했던 사람이다. 행복과 불행이 어디 돈으로 잴 수 있는 것이겠는가? 우리는 『허생전』에서 허생이 엄청난 돈을 바다에 버린 의미를 알아야 한다. 지옥과 극락의 세계는 사실 별 차이가 없다. 겉으로 보기에는 똑같다. 거기에 사는 사람들의 마음이 다를 뿐이다. 그 마음이 탐욕으로 가득 차 있는가, 아니면 사랑과 배려 그리고 감사하는 마음으로 차 있는가!

행복은 감사하는 마음에서 온다. 이기적 마음은 고통을 낳을 뿐이다. 샨티데바가 말하듯 "이 세상 모든 기쁨은 다른 존재의 행복을 바라는 데서 오고, 이 세상 모든 고통은 자신만이 행복하기를 바라는 데서 온다." 행복은 말발굽 소리 드높이며 현란하게 오지 않는다. 그렇게 왔다면 아마 그건 '행복'을 가장한 다른 어떤 것이리라. 행복은 평온하고 소탈한 마음, 감사하는 마음 위에 살포시 내려앉는다.

우리는 밤이 깊도록 화덕 옆에 묵묵히 앉아 있었다. 행복이라는 것은 포도주 한 잔, 밤 한 알, 허름한 화덕, 바다 소리처럼 참으로 단순하고 소박한 것이라는 생각이 들었다. 필요한 건 그것뿐이었다. 지금 한순간이 행복하다고 느껴지게 하는 데 필요한 것이라

고는 단순하고 소박한 마음뿐이었다.[04]

세상에는 수만금으로도 살 수 없는 행복이 있다. 그것을 구하고 찾아서 몸에 지니자. 불필요한 물건들을 걷어 내어 간소하게 살듯, 켜켜이 쌓인 불필요한 욕심들을 비워 내자. 그러면 얼마나 많은 쓸데없는 것들로 마음이 그렇게 무거웠는지 알게 될 것이다. 성 데레사는 말한다. "가진 것이 가장 적었을 때 걱정거리도 가장 없었다. 감히 말하노니, 부족할 때보다는 풍족했을 때 더 괴로움이 많았던 것을 신은 알고 계신다."

'인간은 행복할 권리가 있다!'

04 니코스 카잔차키스, 『그리스인 조르바』, 이윤기 역, 120쪽.

참고서적

『논어』, 『도덕경』, 『맹자』, 『묵자』, 『사기』, 『石田梅岩全集』, 『순자』, 『장자』, 『채근담』

공원국, 『춘추전국이야기 1 — 최초의 경제학자 관중』, 역사의아침, 2010.

기요사키, 로버트, 『부자들의 음모』, 윤영삼 역, 흐름출판, 2010.

김용신, 『한국 사회 빈부의식은 어떻게 변했는가』, 살림, 2015.

김찬호, 『돈의 인문학』, 문학과지성사, 2011.

김태관, 『보이는 것만이 인생의 전부는 아니다』, 홍익출판사, 2012.

김혁, 『논어가 흐르는 경영』, 예문, 2015.

남경태, 『시사에 훤해지는 역사』, 메디치미디어, 2013.

남승희, 『최고의 학교』, 인카운터, 2012.

량샤오민, 『중국 거상에게 배우는 부의 전략』, 서아담 역, 김영사, 2008.

루신화, 『부의 본심財富如水』, 이유진 역, 중앙M&B, 2013.

모로하시 데쓰지, 『공자 노자 석가』, 심우성 역, 동아시아, 2001.

박문현, 『〈묵자〉 읽기』, 세창미디어, 2014.

백승종, 『생태주의 역사강의』, 한티재, 2017.

번스타인, 윌리엄, 『부의 탄생』, 김현구 역, 시아출판사, 2005.

법정, 『살아 있는 것은 다 행복하라』, 조화로운삶, 2006.

베버, 막스, 『프로테스탄티즘의 윤리와 자본주의 정신』, 박성수 역, 문예출판사, 1996.

샌델, 마이클, 『돈으로 살 수 없는 것들』, 안기순 역, 와이즈베리, 2012.

샌델, 마이클, 『왜 도덕인가?』, 안진환 외 역, 한국경제신문, 2012.

수유너머N, 『욕망, 고전으로 생각하다』, 너머학교, 2016.

슈워츠, 벤저민, 『부와 권력을 찾아서』, 최효선 역, 한길사, 2006.

스나이더, 게리, 『지구, 우주의 한 마을』, 이상화 역, 창비, 2005.

스키델스키, 로버트, 『흔들리는 자본주의 대안은 있는가』, 곽수종 역, 한국경제신문, 2014.

시부사와 에이치, 『논어와 주판』, 노만수 역, 페이퍼로드, 2009.

시부사와 켄, 『철학이 있는 부자』, 홍찬선 역, 다산북스, 2008.

신명호, 『빈곤을 보는 눈』, 개마고원, 2013.

아리스토파네스, 『아리스토파네스 희극 전집 2』, 천병희 역, 숲, 2002.

야마모토 시치헤이, 『일본 자본주의의 정신』, 김승일 역, 범우사, 1998.

예종석, 『노블레스 오블리주 ― 세상을 비추는 기부의 역사』, 살림, 2013.

웨스트, 대럴 M., 『부자들은 왜 민주주의를 사랑하는가』, 홍지수 역, 원더박스, 2016.

윤성식, 『불교자본주의』, 고려대학교출판부, 2011.

융, 알렉산더 편저, 『화폐 스캔들』, 송휘재 역, 한국경제신문, 2012.

이나모리 가즈오, 『카르마 경영』, 김형철 역, 서돌, 2005.

이수광,『조선 부자 16인의 이야기』, 스타리치북스, 2015.

이승환,『유가사상의 사회철학적 재조명』, 고려대학교출판부, 2001.

이시백 외,『나에게 돈이란 무엇일까?』, 철수와영희, 2012.

장하성,『한국 자본주의』, 헤이북스, 2014.

잭슨, 애덤,『내 인생을 바꾼 10번의 만남 1 - 부와 행복』, 장순용 역, 동방미디어, 2000.

조준현,『동양 고전으로 읽는 경제』, 다시봄, 2016.

짐멜, 게오르그,『돈이란 무엇인가』, 김덕영 역, 길, 2015.

최연구,『노블레스 오블리주 혁명』, 한울, 2007.

카잔차키스, 니코스,『그리스인 조르바』, 이윤기 역, 열린책들, 2011.

캘리니코스, 알렉스,『반자본주의 선언』, 정성진 외 역, 책갈피, 2004.

캡스타인, 에단 B.,『부의 분배』, 노혜숙 역, 생각의나무, 2003.

KBS〈부국의 조건〉제작팀,『부국의 조건』, 가나출판사, 2016.

KBS인사이트아시아 유교 제작팀,『유교 아시아의 힘』, 예담, 2007.

콴지엔잉,『노자와 장자에게 직접 배운다』, 노승현 역, 휴머니스트, 2004.

한상복,『한국의 부자들』, 위즈덤하우스, 2003.

한형조,『왜 동양철학인가』, 문학동네, 2004.

함재봉,『유교 자본주의 민주주의』, 전통과현대, 2002.

홍응명,『채근담 상, 하』, 양성희 역, 소담출판사, 2007.

휴버먼, 리오,『자본주의 역사 바로 알기』, 장상환 역, 책벌레, 2011.